Descubre tu verdadero tesoro

En tu interior está la respuesta

Bartolommei, Verónica Soledad

    Descubre tu verdadero tesoro: en tu interior está la respuesta / Verónica Soledad Bartolommei. - 1a ed volumen combinado. - Santa Fe: Verónica Soledad Bartolommei, 2020.

    260 p.; 21 x 15 cm.

    ISBN 978-987-86-3218-6

    1. Metafísica. 2. Crecimiento Personal. 3. Desarrollo Personal. I. Título.

    CDD 110

Descubre tu verdadero tesoro

Primera edición: Enero 2020

©Verónica Bartolommei

Autoedición: Verónica Bartolommei

Bartolommeiveronica@gmail.com

Diseño de tapa y maquetación: María Victoria Acosta

Impreso en Argentina.

71427321893

DEDICATORIA

Con todo el amor de mi ser para cada lector que este en la
búsqueda de una vida mejor, de sanar cada rincón interior y
liberarse de las ataduras propias que no permiten el progreso, la alegría y felicidad.

Que este libro sea de guía para encontrar todo lo que
anhelas desde el corazón.

TESTIMONIOS SOBRE EL LIBRO

"Toda persona debería leer en algún momento de su vida este libro. Descubrir el verdadero tesoro que cada uno alberga en su interior, es un deber con el alma. Verónica te conducirá muy acertada mente hacia ese conocimiento, para que puedas lograr tu verdadero crecimiento personal"

Noemí Susana Velaco Meana. Autora del libro "En BUSCA de un nuevo camino"

Me he sentido inmersa en una apasionante travesía donde recorrer el camino hacia grandes descubrimientos. En este libro se agrupa una información que te ayudará de forma apasionante a dar el empuje a ser quien verdaderamente eres, buscando desde dentro hacia afuera. Gracias Vero.

Lourdes Caballero. Autora de la LLAVE DE TU TESORO

Emprendí un viaje maravilloso a mi interior con "Descubre tu verdadero tesoro". Realmente luego de leer "Secretos que no son secretos", necesitaba seguir, y en este segundo tomo encontré el gran desafío de conectarme con mi corazón. En forma sencilla pero profunda hallé las herramientas que tenemos a la vista y al alcance de la mano, pero claro este libro fue una guía que me clarificó el camino y me permitió individualizarlas. La autora comparte sus experiencias personales y la sentí cercana como si hablara de mí, me di cuenta que todos somos en parte opacados por distintos motivos y no nos visualizamos como un tesoro a descubrirnos, pero sus resultados me invitaron a ser mi propia jardi-

nera y comencé cultivar mi interior y así también como Vero re-descrubí MI VERDADERO TESORO...

María Fernanda Ferraris

"Gracias Vero, por mostrarnos dónde se encuentra nuestro mayor tesoro. Durante toda mi vida no fui consciente de que mis pensamientos negativos me estaban jugando malas pasadas, ahora leyendo este apasionante libro, pude descubrir que tenemos el poder de cambiar nuestra realidad, si empezamos a transformar nuestro interior. Esta lectura te atrapa desde el primer momento y no puedes dejar de leer!".

María Torres Moros, escritora y empresaria

En este libro vas a encontrar la manera de encontrarte a ti mismo para ser tu mejor versión, enhorabuena Verónica por este pedazo de libro. Te amo.

María José Martínez. Autora de la trilogía No te aferres a la vida ¡VIVELA!

¿Porque nos cuesta tanto romper con nuestros hábitos, aun cuando vemos que nos crean realidades indeseadas? Verónica nos expone de manera clara cómo deshacernos de nuestros programas obsoletos para que finalmente podamos descubrir nuestro mayor tesoro. ¡Descúbrelo!

Josep Molina Secall

En esta maravillosa Trilogía, Verónica te invita a cuidar de tu jardín. A volver a conectarte con la Fuente y a desaprender lo destructivo, para volver a construir sobre nuevas bases. La Autora te guía a Conocer tu Verdad para que vivas la Vida Abundante y Extraordinaria que tienes reservada para Ti. Gracias Vero por este Verdadero Tesoro!

Lili Namaste. Autora de la Trilogía Esencia

A través del Libro "Descubre Tu Verdadero Tesoro" podemos ver de forma muy entendible y dulce como se forman nuestras creencias y limitaciones y como somos nosotros mismos los que saboteamos nuestros proyectos.
¡Gracias Verónica! Por enseñarnos con este libro a gestionar mejor todos nuestros pensamientos, sentimientos y cualquier aspecto de nuestra vida, para poder salir de todo lo negativo y así podamos crear la vida que nos merecemos.

Alcirema Castillo. Autora de la Trilogía "El Corazón de Antonia"

Nada sucede por casualidad, todo tiene una causa. Si tienes este libro en tus manos es porque aún guardas preguntas, intrigas, sensaciones, misterios, que a lo largo de estos años nada, ni nadie, ha podido responderte.
Descúbrete y descubrirás todas las respuestas y el gran poder secreto que tienes en tu interior.

Natalia Labaqui. Empresaria.

ÍNDICE

"No temas a las heridas,

te hacen más fuerte.

No temas al llanto,

te limpia el alma.

No temas a los retos,

te hacen más sabio.

No temas a la soledad,

Todo el universo esta contigo".

Descubre tu verdadero tesoro

En tu interior está la respuesta

Aquí estás, con la vista fija en lo que ves y en estado de total asombro, acercándote a la orilla.

Deseando descender del barco, en el cual llevas demasiado tiempo, para volver a tocar tierra con tus pies.

¡Cómo añorabas sentirte firme! Y ahora sabes más que nunca que esa firmeza es real en todos los sentidos. Tienes la sabiduría que el viaje emprendido te brindó, con todas sus enseñanzas a cuestas.

El mensaje recibido, que era un secreto inmenso para ti, se ha vuelto tu filosofía de vida. Ya nada volverá a ser como antes. Te lo propusiste estando a la deriva y eligiendo tomar el control de la vela para impulsarte a dónde estás en este mismo instante.

Pero esta vez decidiste ser totalmente sincero y coherente contigo mismo, y sabes que aún faltan pruebas de fuego por vivir y superar.

Estás seguro y atento a cada señal. Desde que tus ojos detectaron algo que no alcanzas a definir bien, tu corazón comenzó a bombear más rápido, todo tu cuerpo se puso en alerta y tu pulso y respiración se aceleraron.

El barco toca la arena y queda encallado en la orilla. Bajas con ansiedad pero disfrutando a pleno la sensación que se produce por todo tu cuerpo y por todo tu ser.

Tus pies en la arena caliente, la vegetación del lugar, el sonido de las aves revoloteando, el de las olas que suenan más bellas desde ahí; todo, absolutamente todo, se vuelve un momento mágico.

Mientras miras hacia el cielo, con los ojos llenos de lágrimas de emoción, gritas nuevamente al Universo:

¡Gracias, Gracias, Gracias!

Y mientras dices esas palabras desde tu interior recuerdas que por un instante te olvidaste del objeto que no alcanzabas a definir bien y corres hasta él. Te vas acercando y descubres que es un cofre, típico cofre de tesoros. En un momento piensas que estas soñando, no parece real, más bien una película de ciencia ficción. Sacudes tu cabeza para despertar, y te das cuenta que es real.

Wow, tus pensamientos vuelan a una velocidad incalculable. Piensas: - ¿Tendrá en su interior el oro que me hará rico? ¿Estará lleno de joyas preciosas? ¿O contendrá un mapa que me lleve al más grande imperio elegido para mí?

Por fin llegas, te arrodillas y comienzas a desenterrarlo, porque lo que habías visto era solo una parte del cofre, el resto está bajo la arena y es más grande de lo que te imaginabas.

Logras sacarlo de ahí e intentas abrirlo. Pero tiene un candado, y obvio, que tú no tienes la llave. Bromeando le vuelves a gritar al Universo:

- ¡Alcánzame la llave para abrir este

cofre, suéltala que yo la espero con mis manos abiertas! Y comienzas a reírte solo. Buscas algún objeto que te ayude, pero a tu alrededor solo vez vegetación, ramas, frutos, pero nada potente y firme para conseguir romper el candado.

No te das por vencido y decides subir al barco a ver qué encuentras y bajar algunas pertenencias que te sirvan para comenzar a explorar tu nuevo lugar. Revuelves y encuentras una herramienta vieja, oxidada por el viaje y decides intentar con ella.

Bajas, corres nuevamente hasta el cofre y comienzas a darle golpes al candado. Cuesta pero logras romperlo. Te tiemblan las manos al querer abrirlo. Respiras hondo y pides a tu interior que sea un gran tesoro, que lo necesitas y en éstos momentos te vendría muy bien. Abres lentamente y tus ojos quedan como platos… ¡Otro mensaje más! ¡Otro rollo de papel añejo! ¿Será un mapa del tesoro?

Lo tomas suavemente en tus manos, que siguen temblando, y lo abres cuidadosamente por temor a romperlo. Se nota que lleva mucho tiempo ahí. Lo vas desenrollando y al final no es un solo papel son varios y tienen un orden. Decides solo leer el primero para no alterarte. Y dice: -seas quien seas, si encontraste este gran cofre ya obtuviste la riqueza más grande de este mundo. Sólo debes leer y seguir uno a uno los pasos sin saltearte, ni querer avanzar al siguiente antes de tiempo. Solamente así encontrarás lo que todo ser desea.

Te das cuenta que hay más por aprender, que tu travesía no se termina con sólo pisar tierra y salir del océano. Que recién comienzas tu gran aventura de experiencias y aprendizajes. Hay mucho camino por recorrer y sabes con total seguridad que lo que suceda en el camino es sólo para ti y piensas aprovecharlo al máximo.

Tomas tus cosas y emprendes el rumbo que guía esa primera hoja del tesoro...

¿QUÉ BUSCO COMPARTIR CONTIGO?

En este segundo volumen deseo presentarte los motivos por los cuáles te cuesta romper los hábitos, creencias y patrones que has manifestado a lo largo de tu vida. Y aunque lo intentas una y otra vez, terminas regresando al mismo punto donde iniciaste.

Todo esto sucede a causa de barreras internas que van más allá de tu propio esfuerzo por lograr cambios en el exterior.

Lo que aprendiste en *"secretos que no son secretos"*, sin lugar a dudas, es el inicio más importante del proceso, porque fue dar ese primer paso a la transformación y crecimiento personal. También fue hacerte responsable de ti mismo y de todo aquello que compone tu realidad. Abandonar el rol de víctima que nunca te ha servido para desarrollarte sanamente y comenzar a marcar tu camino hacia tus sueños.

Ahora llegó el momento de seguir avanzando limpiando tu interior y sacando afuera todo aquello que se mantiene solo para provocar daño psíquico, emocional y físico. Lo que no te permite seguir superándote y te regresa al pasado constantemente.

Mucho de ello tiene que ver con las generaciones anteriores a ti, que van dejando un residual de información en tu inconsciente de la que no te enteras hasta que comienzas a verlas. Esa es una de las ideas que vas a ver aquí.

Luego aprender a perdonar todas esas cuestiones heredadas y todas las heridas recibidas en ti durante toda tu vida hasta el momento de hoy.

Vas a lograr que desaparezcan definitivamente de tu vida, para que esa zona donde muchas veces te sientes atascado, mientras avanzas en otras, te permita acompañar al conjunto para conseguir la vida extraordinaria que siempre deseaste.

Es una limpieza profunda de tú interior y una liberación realmente fenomenal, que no querrás dejar de experimentar. Cuando eliminas todo lo malo y limitante dentro de ti, cambia todo tu exterior y las manifestaciones comienzan a recrearse una tras otra.

¡NO TE LO ACONSEJO, TE LO ASEGURO!

¿POR QUÉ HE ELEGIDO ESTE TÍTULO?

"Descubre tu verdadero tesoro". Personalmente creo que lo que encontramos dentro de cada uno de nosotros, en nuestro interior es el más verdadero tesoro que poseemos.

Allí radica todo lo que somos, nuestra única esencia. Conocerla es comenzar a dominar toda la información que contiene, todo lo que nos muestra y nos brinda para seguir creciendo cada día en libertad y plenitud.

No nos enseñaron a reconocernos y conocernos tan íntimamente. Ni a revelarnos ante aquello que no nos pertenece, sino que llega a nosotros por lugar y espacio donde nacemos, por el entorno familiar, por herencia y por experiencias que se han manifestado en nosotros sin siquiera identificarlas.

En mi experiencia personal, entender toda esta información generó un cambio radical en mí. Fue una iluminación que me llevó a soltar, a desaprender y a liberar mis mochilas pesadas que no me permitían continuar mi camino.

Es una sanación y recuperación de mi verdadero YO, en mi mejor versión. Una compresión absoluta de los demás, y por lo tanto, de mi misma, que me llevo a dar pasos gigantes en mi evolución.

Mis relaciones personales comenzaron a virar hacia donde siempre desee, comencé a manifestar situaciones anheladas desde siempre en el seno familiar y con la personas cercanas. Incluso sin darme cuenta al principio llegaban a mi experiencias realmente positivas, enriquecedoras. En mi entorno laboral todo comenzó a fluir armónicamente, se respira un ambiente más sano, más alegre. Las ventas y mis ingresos se fueron acrecentando mágicamente.

En la etapa más complicada para cualquier padre o madre, que es la adolescencia de un hijo, conseguí cambios extraordinarios. Hay una conexión inmensa con mi hija, nos apoyamos mutuamente y la comunicación es muy fluida. Cuando tiempo atrás todo se sentía como una lucha constante.

En conclusión, entendí que el cambio que se produjo en mi, conocer mi verdad, la de mi ser interior y comenzar a cuidarlo para que no vuelva a intoxicarse, fue lo que provocó todos esos cambios externos. Ellos son la demostración que estoy ahora caminando sobre mi verdad, sin traicionarme, persiguiendo mi sueño y no el de otro, y estando en mi propósito de vida. El de compartir contigo y con la mayor cantidad de personas posibles mi verdad para que cada uno encuentre la suya y comience a vivir esa vida abundante y extraordinaria que todos nos merecemos por derecho divino.

Todo es abundancia, plenitud, armonía, felicidad y progreso en el Universo.

¡TU ERES PARTE DEL TODO, TOMA LO QUE TE CORRESPONDE Y DISFRÚTALO!

DESDE DENTRO HACIA FUERA

Si, la vida entera se vive desde adentro hacia afuera. Y no al revés como has aprendido, como te han enseñado y te han mostrado siempre.

Aprendes desde niño que la felicidad la sientes en tu interior pero es obsequiada por algo externo. Por tener ese auto, esa casa, ese premio, esa pareja, esos hijos, esos viajes, esa vitalidad, etc.

Pones el foco y la atención fuera de ti. Tu meta se convierte en eso que quieres alcanzar y cuando lo haces te vuelves a sentir vacío. Porque todo lo que puedes obtener afuera esta perfecto que lo desees, el problema radica en la forma, en la manera que te obsesionas. Desde que punto lo haces.

Si lo haces porque crees que lo necesitas, que te hace falta, estas en estado de escases. Y por más que lo obtengas al poco tiempo volverás a sentirte otra vez en ese mismo estado, buscando fuera otra situación que te genere ese instante de sensaciones tan increíbles, pero que duran poco.

Esto sucede porque no estás atendiendo a tu interior. Si necesitas algo es porque tú no te sientes completo. No te amas, no te cuidas, no te valoras o cualquier otro sentimiento que estas queriendo ocultar o correr de tu vista buscando mirar afuera.

Todo lo que hay dentro tuyo así como está es lo que ves afuera de ti reflejado. Si quieres conocer tú interior mira detenidamente como están tus relaciones, tu salud, tu economía. Todo por lo que sientes enojo, ira, tristeza o cualquier sentimiento negativo te está mostrando algo de ti.

Descubrirte y conocerte internamente no es algo que nos hayan enseñado de niños, como para hoy tener esa habilidad totalmente dominada. Pero te aseguro que sí puedes aprenderla. No hay tiempo, ni momento justo o indicado para ello. El momento ideal es ahora mismo, acá en el presente. Tomar la decisión de embarcarte en tu interior, puede ser un trabajo duro, porque vas a lidiar con la oscuridad que llevas dentro, con los miedos, las limitaciones y todo aquello que hasta ahora has creído con todas tus fuerzas, y comenzar a desarmar poco a poco lo construido hasta el momento.

No debe producirte desgano, ni temor de comenzar. Más temor debería producirte saber que si no te miras no vas a cambiar todo lo que actualmente te disgusta o te mantiene en el mismo lugar de siempre.

No voy a engañarte sobre este proceso diciéndote que es fácil y rápido, porque no es así. Cada persona es un mundo, y ese mundo interno es muy amplio y muy personal. Hay personas que tienen mucho por hacer y otras un poco menos. Algunas son más veloces y otras más lentas. Pero como todo proceso lleva su tiempo, y sé que estos libros, donde comparto contigo parte de mi historia, intentan demostrarte que no existen dudas de que todo se puede trasformar. He visto cambios extraordinarios en muchas personas. También es verdad que se necesita compromiso para lograrlo.

Deposito en ti toda la confianza en que así será. Porque eres un ser extraordinario en busca de una vida extraordinaria, y sabes que para ello hay que accionar y pasar el proceso. Pero una vez tomas ritmo y conoces tu interior todo comienza a ser maravilloso. Te vas asombrar de los milagros que te esperan y que estuvieron siempre disponibles para ti, sólo que tú no los dejabas entrar.

Riega tu interior

El Universo tiene para ti, como para cada ser, lo que él es. Es amor, abundancia, plenitud, verdad. De esa misma esencia estamos hechos nosotros.

El problema radica en la desconexión con nuestro interior, con nuestro ser. Esa desconexión produce temor, desconfianza, esperar amor en lugar de dar amor, te cargas de rencor y resentimiento en lugar de perdonar y vivir en paz y armonía.

Tus pensamientos y emociones son los que le van dando forma a tu interior. Se acumula lo bueno y lo malo, tus miedos, cada palabra, cada pensamiento, cada mala acción anida en tu interior y luego lo ves afuera reflejado.

El tema es que tu no reconoces todo ello, no lo ves porque sucede casi inconscientemente. Actúas tan en automático que no frenas a observarte. Vas caminando por la vida sumergido en la rutina, la costumbre, el entorno, las creencias, los programas, los hábitos; sin darte cuenta que todo ello queda registrado en tu computador interno para volver a repetirse una y otra vez.

Comenzar a cambiar todo lo que te disgusta depende de ti. Debes volverte hacia tu corazón, y comenzar a regar cada día tu jardín interno. Puedes ser el jardinero que comienza a sacar las malezas, que son esos pensamientos negativos, creencias limitantes que tienes sobre ti mismo, miedos inexistentes, etc. Puedes limpiar todo el terreno para sembrar las semillas nuevas que darán la mejor cosecha de tu vida. Y trabajando en tu jardín lograras ver afuera todo lo que anhelas.

Tu vida comenzará a tomar otras tonalidades, otra energía, tendrás una percepción renovada de la vida y te sorprenderás de lo hermosa que puede llegar a ser, mucho más de lo que jamás imaginaste.

Todo se empieza acomodar a tu favor, y esa es la respuesta a quererte, a cuidarte y a sembrar en ti las mejores semillas.

Cosechas lo que siembras

No depende de nadie más que de ti mismo lo que hoy eres y tienes en la vida. Lo que hoy ves manifestado en tu vida es producto de tus pensamientos, creencias, programas y hábitos del pasado.

Por tal motivo es totalmente relevante que limpies todo el terreno y elijas bien que es lo que vas a sembrar para que te de los frutos que deseas. Una vez que limpias y siembras debes dedicarte a cuidar esa siembra, a regalarla, a protegerla de las malezas que quieran apoderarse del terreno otra vez. Estar atento de todo lo que suceda en ese lugar. Ese lugar es lo más preciado que tienes, en ese lugar habitas tú. Me imagino que no te gusta vivir en un lugar feo, maltratado, olvidado, lleno de basura, donde sólo entran unos hilos de luz mínimos.

Tus pensamientos son las semillas que seleccionas muy bien, para que te dé el fruto que esperas. Si tus pensamientos son negativos esos serán los frutos que vas a obtener en tu vida. Nunca podrás obtener frutos positivos de pensamientos negativos y viceversa.

Ya has permitido que los pensamientos de otros se hagan tuyos, y así estás, y así vas por la vida. No siendo tú mismo. Mostrando una careta, alguien que no eres. Siendo un personaje que hasta tu mismo te has creído. Pero eso se terminó, porque no te ha llevado a buen puerto.

¿Y cuál es el motivo? Haz apagado poco a poco tu propio brillo, ese con el que llegas a este plano terrenal. Ese brillo propio con el que todos nacemos. Se va apagando poco a poco a medida que creces, que permites que otras decidan por ti, admiras siempre ser otra persona y te vas dejando en el olvido.

Es muy triste leer y reflexionar sobre estas palabras. Pero hay que ser realistas, es así. Y lo mejor de todo esto es que siempre estás a tiempo para revertir todo que no vibra como tú en tu interior.

Dedícate pacientemente a buscar cada pensamiento, creencia, programa, emoción que no sea tuya, que has heredado, que has imitado de manera inconsciente y destiérrala. Sácala fuera de ti porque no te pertenece. De esa forma la luz se expandirá y todo lo que comienzas a sembrar ahora crecerá más rápido y con más fuerza que nunca.

Tu interior = corazón

Lo que procede de tu corazón es lo real para ti, no lo dejes a un lado. Escúchalo. El siempre te está hablando, te da señales para que lo entiendas. Eso que llamamos corazonada, intuición y que está muy desvalorizado en relación con la mente, con la razón, es a lo que debes prestar mayor atención.

Desde niños nos han enseñado a sobrevalorar el razonamiento por encima de lo que sientes o tu corazón te dicta. Se ha creado una batalla constante entre ellos, como si fuesen polos opuestos. Pero en realidad están muy conectados, tanto a nivel físico como espiritual. Ellos deben ir de la mano.

Hay tanta crítica sobre ser una persona emocional y atribuirlo a la debilidad, que hemos dejado de prestarle atención a lo que sentimos, para centrarnos en lo que pensamos. Resolvemos todo lo que nos sucede en la vida desde ese lugar. Es tan grande el miedo a la desvalorización de los demás, que nos vamos construyendo muros tan fuertes que los sentimientos y emociones se vuelven insignificantes.

De esta manera se produce una desconexión total con tu interior. Todo lo que procede del corazón queda ninguneado y desvalorizado. Si sale algún vestigio a la luz te provoca vergüenza y así te hacen sentir tratándote de dramático o muy emocional.

Pero ¿Qué sucede cuando guardas en tu interior todo eso que crees desconocer? La vida te pone frente a un episodio tan fuerte que ese muro explota tirando afuera todos los escombros produciendo daño en ti y en otras personas. Porque no puedes medir, ni manejar el torrente de emociones guardadas y lo que sale es incontrolable.

Todos pasamos por situaciones así, difíciles, donde nos desconocemos, decimos y actuamos de una manera totalmente inadecuada. Luego llega la culpa y el arrepentimiento. Y sin darte cuenta comienza nuevamente el ciclo de creer que es provocado por tus emociones, que son malas y que debes seguir ocultándolas.

Pero pensar y sentirte de esa manera no es lo adecuado. Si reaccionas así no es justamente por expresar tus emociones, sino por haberlas mantenido ocultas durante un tiempo considerable.

Te voy a contar algo de mi historia personal, que surgió solo y después descubrí que estaba actuando de la manera más sana para mí propio bien.

Como he tenido una vida bastante solitaria, más que nada en esa etapa difícil que es la adolescencia, donde se producen muchos cambios internos y externos, hay mucha incertidumbre, uno se llena de preguntas, me encerraba en mi propio mundo que era mi habitación, en donde era libre para ser yo. Me dedicaba a escribir cada emoción o sentimiento que experimentaba. A veces solo escribía lo que sentía en el momento y otras creaba poesías. Todo dependía del día y la situación vivida. Pero nunca dejaba que anide dentro la tristeza, la rabia, el enojo. Entonces descargaba en un papel. La verdad es que cuando pasaba tiempo en que no lo hacía me daba cuenta que salía afuera lo peor de mi, y terminaba dañando al otro con palabras o me dañaba a mi misma desvalorizándome.

¿Que descubrí? que cuando tienes una manera sana de descargar lo que te sucede, un cuaderno donde escribir o una hoja cualquiera en la que escribes y después puedes deshacerte de ella, la energía negativa no queda contenida en ti, no la dejas que se instale y anide allí por mucho tiempo. De esta manera me di cuenta que sanaba, así como iba sanado de a poco ciertas situaciones, también conseguía que físicamente mi cuerpo se mantuviera sano.

Cuando comienzas a observar tu vida en forma consciente, descubres que ya has utilizado mágicamente mucho de los que venimos hablando en los libros.

Seguro te preguntas: ¿Cómo se yo esto? ¿De dónde obtuve esta información? Y la respuesta a ello es que todo, absolutamente toda la sabiduría esta en tu interior. Nos guía muchas veces aunque no seamos conscientes, así que imagínate todo lo que podrás lograr ahora que si lo eres y que sabes el poder que tienes para desarrollar todo ese potencial, que es inmenso, sólo que nadie te lo había dado a conocer antes.

Siempre he sido una persona sana físicamente y sin darme cuenta estaba buscando un equilibrio entre lo físico y lo emocional. Hasta que descubrí que la mente, mis pensamientos tenían que ver muchísimo con ello.

No dudes en descargar lo que sientes, en vaciarte de lo

viejo que anida dentro de ti, para poder llenarlo de luz, de pensamientos que produzcan emociones más fructíferas y poderosas.

Esto no significa revivir todo el pasado, pero mirar que es lo que vienes repitiendo, que es lo que te ha marcado, no para volver a sufrirlo, sino para entender que era lo adecuado en ese momento, perdonarlo y soltarlo.

HAY QUE DESAPRENDER LO DESTRUCTIVO, PARA APRENDER LO NUEVO, TOTALMENTE CONSTRUCTIVO.

Crea tu nuevo mundo

Siempre estás a punto para crear tu nuevo mundo. Ese mundo que te espera, que espera por ti desde siempre.

No existe ni tiempo, ni espacio ideal, el momento es ahora, es el presente.

Alguna vez te diste cuenta que la palabra PRESENTE lo dice todo, es eso justamente, un presente, un regalo de la vida, del Universo, para que disfrutes, para que crezcas y evoluciones.

Si miras la naturaleza que te rodea está en constante evolución. Todo cambia, crece, avanza, prospera, muere y vuelve a surgir algo nuevo. Y así se mueve, no está nunca estancado. ¿Qué sucede si el agua se estanca? Comienza a entrar en mal estado.

La vida es movimiento. Tú eres parte de la naturaleza, de este mundo fascinante. Tus movimientos siempre deben impulsarte hacia adelante.

No importa la edad que tengas, ni las circunstancias económicas o físicas en las que te encuentras. Que el área más fuerte apoye a las otras hasta lograr el equilibrio. Pero nunca te quedes estancado, quieto, paralizado, porque lo único que lograrás es sentir un desgano por la vida, una falta de incentivo, de impulso, de creatividad. Y pensarás que eres tú el problema, pero el problema son las limitaciones que te creaste.

El Universo es abundante, tienes que moverte, tienes que generar y dar para recibir. Estancado, sentado, esperando, nada bueno o extraordinario llegará.

Comienza por limpiar tu interior, como limpias una habitación. Mueves todo lo que hay dentro, revisas, tiras a la basura lo que no sirve y dejas espacio libre para lo nuevo, para aquello que vibre contigo en estos momentos. Basta ya de recuerdos que te llevan a situaciones tristes, de nada sirven hoy, esos momentos ya pasaron. Si no quieres que regresen disfrazados con otro episodio o en otra persona, debes eliminarlos y dejarlos atrás, solo tomar de ellos lo que te ayudo a crecer, a ser quien eres.

Si de cada situación adversa, comienzas a ver las enseñanzas que te dejaron, podrás dar un giro radical en tu vida. Empieza ya, de a poco, paso a paso, pero ya. Es un proceso, pero en el camino verás respuesta del Universo que te dejarán asombrado.

No creo que quieras perderte nada de todo esto. Yo he

decidido que no. Y desde que lo he decidido así, cada área de mi vida fue mejorando. Incluso aquello que creía incapaz de conseguir ha sucedido. El Universo me mostró que nada es imposible.

¡SI TU LO CREES POSIBLE NO CABE MÁS UN MÍNIMO DE DUDA!

Acompáñame a ver que es todo aquello que te limita y eliminarlo para siempre de tu vida…

¡Te Amo!

Vero

Capítulo 1

LO QUE PUEDES CONTROLAR

LO CONSCIENTE Y LO INCONSCIENTE

LO CONSCIENTE ya sabes que lo puedes manejar, que si estas despierto y atento a tus pensamientos, emociones, actitudes y acciones puedes entender y resolver observándote y haciendo los cambios necesarios ante ellas.

En el libro "secretos que no son secretos" nos hemos zambullido en este tema. Si no lo tienes todavía, te lo recomiendo porque allí hay una introducción interesante para tener más claro todo lo que aquí vamos abordar.

Lo consciente es todo aquello que ves, observas y experimentas con tus cinco sentidos. Los cuales te llevan a emociones y pensamientos que determinan tu vida actual, así como está manifestada ahora mismo.

Si hay algo que quieres cambiar, todos tenemos uno o varias cuestiones en distintas áreas por cambiar, por mejorar, algo que nos disgusta o nos mantiene tristes, estancados, es momento de hacer consciente lo inconsciente. Comenzar a prestarte total atención, observar cada pensamiento, actitud, respuesta, hábito o programa repetitivo que te lleva siempre al mismo resultado.

Esa habilidad que vas a ir adquiriendo para hacer consciente lo que antes no tenias en cuenta, se volverá cada vez más fácil. Es como toda práctica, que si no la olvidas y lo haces a diario vas adquiriendo habilidad y se vuelve cada vez más sencillo.

Por ejemplo: cualquier deporte que comiences a practicar o aprender a tocar algún instrumento, al principio precisa de mucha energía y atención de tu parte. Pero si eres constante en el aprendizaje, se va volviendo cada vez menos dificultoso y tú vas adquiriendo una habilidad que antes de comenzar no tenías.

Exactamente de misma manera pasa con hacer consciente lo inconsciente. A medida que avanzas te vuelves más habilidoso y mucho de lo que se mantenía oculto se muestra para tu comprensión y sanación.

LO INCONSCIENTE en cambio siempre aparece en nuestras vidas disfrazado. Sale en automático sin que nos demos cuenta de ello. Incluso la mayor parte de nuestro día estamos funcionando en este punto. Es el molde al que pertenecemos por nuestras creencias y paradigmas.

Se hace difícil de definir el inconsciente, porque no lo podemos ver con nuestros sentidos, es inmenso y poderoso.

Imagínate que cada decisión tomada y las acciones que tienes a diario están dirigidas por tu inconsciente. Por eso es importante no dejarlo en esa especie de zona desconocida, a la que se le tiene total respeto y hasta temor. Somos conscientes de un 5% de nuestros pensamientos, patrones, emociones y acciones, el resto es terreno del inconsciente. Ese alto porcentaje, un 95%, es el que maneja tu vida diaria.

Nuestro cerebro tiene una similitud en ese sentido, también es inmenso en cuanto a todas las acciones que puede realizar y las conexiones que se pueden producir, sin embargo, nosotros usamos sólo una mínima parte de él. Todavía no se han descubiertos, aún desarrollándose muchos experimentos científicos sobre el tema, cuales son las funciones de ciertas zonas del cerebro que no activamos. No conocemos el poderío que tiene.

Entonces ¿Cómo podríamos entender el inconsciente?

Yo deseo pensar que es la fuerza de la vida para dirigirnos. Es como un comando a distancia con el que iniciamos le vida en este plano, cuando llegamos a la misma en el momento de nuestro nacimiento. Ya ingresamos con cierta información que no es personal, ni individual, pero que nos guía.

Eliges el lugar y la familia en que naces, eliges a tus padres para trascender la lección tan importante que es el propósito por el que estás aquí ahora. Y la vida se va manifestando de acuerdo a ello. Tú no lo sabes, no es que naciste sabiendo todo, hay una fuerza que te empuja y esa es la fuerza de la vida, del inconsciente.

A medida que vas creciendo vas adquiriendo más información, para tu inconsciente, generado por tus experiencias particulares. De esta manera se van desarrollando los distintos niveles que influyen hoy en día en tu vida.

Cada uno tiene un registro en el inconsciente que vibra de una determinada frecuencia para atraer ciertas experiencias y ciertas personas que dan forma al inconsciente individual, a nuestra historia personal. Por lo que tu experiencia nunca va a ser igual a mía. Se pueden encontrar similitudes, pero lo vivido, experimentado, los pensamientos y emociones generados, y por ende, los resultados no son iguales.

Seguro haz escuchado la frase: **"cada persona es un mundo"**, y como estás viendo así es. Es tan amplia la información que existe en el inconsciente colectivo, de toda la humanidad, que luego incorpora el de tus ancestros y familiares, para llegar al tuyo propio, que es imposible que uno de nosotros sea igual al otro.

Lo que si puedes encontrar son paradigmas, programas, hábitos, patrones que muchos repetimos y somos guiados por ellos. Si los estudias y observas en ti mismo, mirando internamente las marcas propias de acuerdo a tus experiencias, podrás ir descubriendo parte de ese inconsciente para dominarlo y lograr una vida extraordinaria.

La imagen a continuación es una buena forma de representar al inconsciente, para ser comprendido de una manera más sencilla.

Mirando esta imagen puedes entender el gran poder del inconsciente sobre ti. El iceberg es uno de los mejores ejemplos. El consciente es lo que vemos, pero lo más imponente, lo más poderoso de ese gran bloque de hielo no se encuentra en la superficie sino bajo el océano, oculto a simple viste. Allí está la mayor parte de su estructura y la más fuerte.

Nuestra mente es como ese iceberg. Solo vemos una mínima parte y hacemos uso de ella de la misma forma. Lo más poderoso surge de la mente inconsciente.

Ahora sabiendo que existe, lo ideal es no temerle y abordarla, para obtener más conocimiento de ella. Parte de lo oculto puedas comenzar a llevarlo a la superficie para tu mayor control.

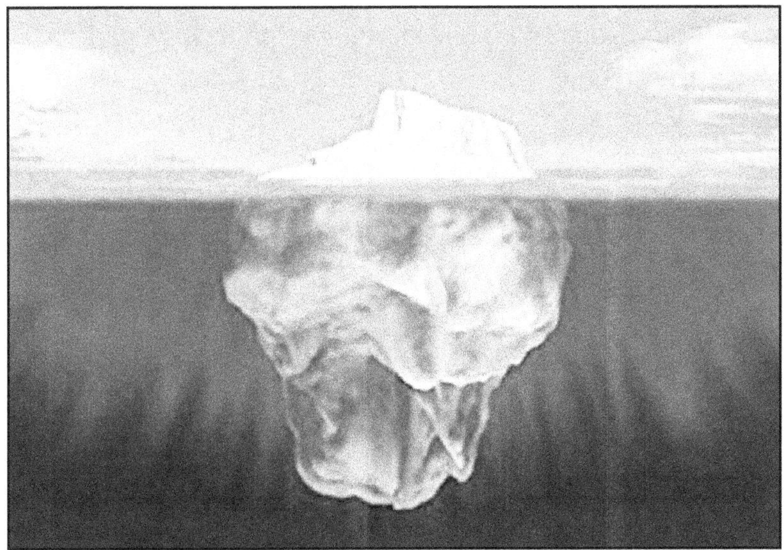

Tienes que colocar tu atención dentro de ti, y no fuera como nos enseñaron, porque dentro se encuentra toda esa información totalmente disponible. Información maravillosa y sana, pero también información mal colocada que da como resultados actitudes que provocan dolor y sufrimiento.

Observando y dándole un orden a toda la información que vas descubriendo hará que comience a fluir y notarás cambios impresionantes.

El lenguaje del inconsciente

El inconsciente todo el tiempo te regala información, pero para comprenderla debes aprender a hablar su lenguaje. Te envía mensajes que si no sabes leer no lo puedes aprovechar. Sus mensajes están en los sueños, en las imágenes y recuerdos que tienes, todo te está dando información.

Para comprender más al inconsciente es necesario que sepas como funciona para lograr interpretarlo y poder comunicarnos con él.

El lenguaje que utiliza no es el mismo que usas en tú accionar o pensar diario, en el cual tienes el conocimiento de lo que estás haciendo. Es concreto.

En cambio el lenguaje del inconsciente es abstracto, simbólico, no verbal, visual, emocional, se rige por sensaciones, imágenes, signos y gestos. Ellos son los que imperan en todo lo que lee e interpreta.

El inconsciente se encarga de todos los procesos automáticos como la respiración, la cual también la podemos hacer consciente para centrarnos, pero si no la haces consciente siempre estás respirando de todos modos para mantenerte vivo. Todos los procesos del organismo como el funcionamiento del aparato digestivo, el circulatorio, los movimientos reflejos y todo aquello que no tienes que estar consciente para que funcione, son tareas del inconsciente. Es involuntario y se ocupa de muchas cosas a la vez.

¿Qué debes lograr para que tu relación y comunicación con él fluya?

Tienes que aprender a interpretar las señales que te brinda. Como vimos su lenguaje es simbólico, emocional, visual y no verbal.

Siempre su respuesta es ante situaciones por las cuales

reacciona. No escucha, sólo interpreta. Y su función, su misión primordial es la de protegerte a toda costa y salvarte de cualquier situación interpretada como peligrosa.

Como no distingue entre realidad o ficción, cualquier situación la interpreta siempre como real y, por lo tanto, responde ante ello.

Por ejemplo: si le tienes un miedo terrible a los leones y estás mirando una película donde aparece un león que persigue al protagonista, es lógico que tu cuerpo comience a ponerse tenso, a sudar, a respirar agitado, a manifestar respuestas fisiológicas ante esos estímulos. Recuerda que su misión es protegerte, salvarte del peligro y ponerte a salvo. Y no distingue realidad de fantasía.

Lo que debes conseguir es ver el o los síntomas. Los cuales no están ahí para fastidiarte o para que los ocultes con medicamentos, sino que es la señal simbólica para que descubras que es lo que realmente te está pasando. Cuál es el problema. Tienes que buscar en ti que es lo que provoca determinada sensación o síntoma.

Cuando no haces caso o no entiendes las señales que te envía tú inconsciente, éste irá aumentando su intensidad en la sensación o emoción, la dolencia o enfermedad.

Con todo lo explicado hasta ahora sabes que puedes aprender a comunicarte con tu inconsciente mediante la interpretación de las señales que te envía, y además puedes guiarlo hacia donde tú quieres ir, comunicándote con él en su lenguaje específico.

Tus metas, objetivos o sueños deben ser con lujo de detalles.

Por ejemplo: no puedes solo especificarle que deseas ser abundante. Porque tomará esa palabra con las limitaciones de tus creencias y patrones, y, además, la abundancia abarca muchas situaciones. Puedes ser abundante en enfermedad, abundante en problemas, etc.

Por lo tanto, para que no haya confusiones debes darle imágenes de lo que realmente quieres. Accionar también ante ello, como manipular billetes manteniendo una sensación de placer, de alegría, de emociones positivas. Visualizar todo el proceso de lo que quieres obtener en modo presente, desde que lo inicias hasta que lo logras, involucrando todos tus sentidos y emociones en ello. Sintiéndote de la misma forma que te sentirás cuando lo obtengas, pero tú ya lo estás experimentando en la visualización y sabes que ya es tuyo. De esa forma convences al inconsciente y no lo dejas siempre a futuro, porque de esa forma nunca llega, siempre va a ser entendido como algo que sucederá más adelante.

El inconsciente solo entiende el presente, el ahora, debes comunicarte con él en ese tiempo si es que quieres que la misma sea eficiente.

Su amplitud

Al inconsciente lo podemos dividir para su comprensión de acuerdo a la cantidad de información que contiene en:

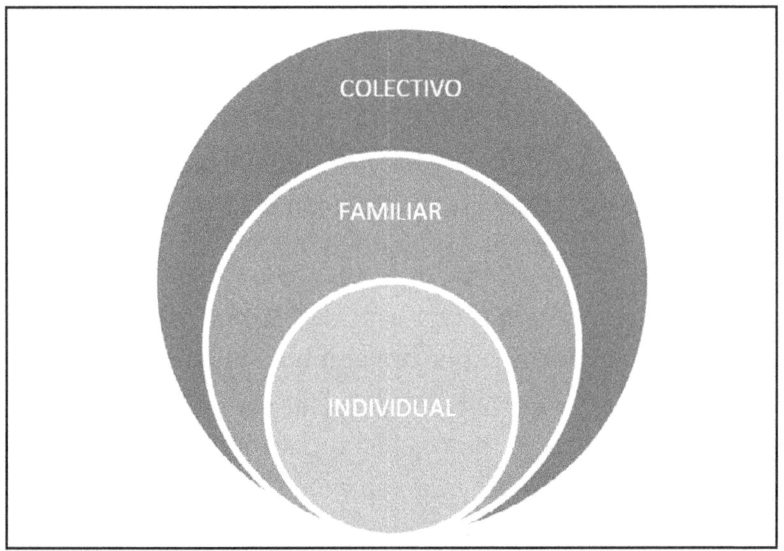

Colectivo: construido a base de símbolos y conceptos universales, que se fueron conformando durante la evolución del hombre.

El **inconsciente colectivo** es más general y lo puedes reconocer porque es la evolución que vivimos todos como humanidad y también un poco más acotado a la cultura, los valores y creencias del lugar donde naciste.

Familiar: es la predisposición a actuar de ciertas maneras de acuerdo a tu pasado familiar, a tu árbol genealógico.

El **inconsciente familiar** es el más cercano fuera de ti, que afecta y forma parte de tu inconsciente individual y al que debes detectar cada vez que descubras patrones repetidos de generación en generación para que no te afecte y puedas romper con ellos.

Individual: opera con toda la información de lo sucedido en tu vida como individuo. Tus vivencias, experiencias, sensaciones, deseos y proyecciones. El **inconsciente individual** es el más fácil de reconocer si comienzas a estar atento y hacer consciente muchas de las señales que te envía.

Para entender como una cantidad inmensa de información abarca a la otra y a la vez como cada uno de nosotros comparte cierta información en el inconsciente colectivo, pero el individual es pura y exclusivamente tuyo, puedes pensar en internet como el inconsciente colectivo y tu ordenador particular como el inconsciente individual.

Con tu ordenador te conectas a internet y allí encuentras información sobre todo, es incalculable la cantidad de información que hay allí, pero tú te conectas a esa información buscando una temática en especial, la que a ti te define. Tu ordenador tiene determinados programas para hacerla funcional para ti. Esa información está disponible en internet y mucho más que esa información, pero tú centralizas la que necesitas.

Así es como el inconsciente colectivo está ahí disponible con todos sus paradigmas que te guían, y luego tú de acuerdo a el inconsciente familiar que heredaste y al inconsciente individual que vas adquiriendo, gracias a las experiencias vividas, vas dándole forma a la manera en que piensas y actúas.

Buscas la sombra bajo una hermosa palmera, si, te parece hermosa, bellísima, extraordinaria. Después de lo vivido todo toma un color y una relevancia totalmente diferente.

Vuelves a leer nuevamente el primer mensaje, quieres estar seguro de haberlo interpretado adecuadamente. Todo es nuevo para ti, pero sabes que es para tu beneficio, así que le dedicas tu tiempo para reflexionar y meditar sobre ello.

Tienes que buscar respuestas a todo aquello que te llevo a este punto, de lo que eras antes a lo que comienzas a vislumbrar de ti ahora. Necesitas entender: ¿Por qué huiste de la vida que tenías y te embarcaste solo a la deriva? ¿Por qué rechazabas tanto la vida que llevabas? ¿Por qué no enfrentaste en ese momento las situaciones que se te manifestaban y llegaste a este punto de casi morir en el medio del océano?

> *Te tienes que mover, tienes que seguir camino hacia aquello que te espera sólo guiado por un manojo de papeles que te prometen una vida superior. Y realmente lo crees, ya lo has comprobado.*
>
> *Te diriges hacia en punto indicado, debes ingresar en esa isla, adentrándote entre la vegetación sin saber lo que vas a encontrar, después de deducir que todo sucedió para que tú estés aquí ahora...*

En este libro nos vamos a centrar en el inconsciente en general y reconociendo cada nivel, para luego poder limpiar todo aquello que heredamos y no queremos en nuestra vida, y a partir de allí conquistar aquella que si deseamos. Pero para avanzar quiero compartir contigo lo que es desaprender, porque es lo que necesitas hacer constantemente para avanzar en ti.

DESAPRENDER

Una muy buena definición de desaprender es que no se trata de borrar y olvidar lo aprendido, sino que se trata de no ser esclavo de ello. En este caso estamos hablando, no de conocimiento, sino de la capacidad de repensarse uno mismo.

Es dejar abrir tu mente a nuevos conocimientos, antes

desconocidos o que no le dabas valor, que te pueden enriquecer enormemente.

Es dejar de lado los conocimientos, actitudes, esquemas mentales separándolos de otros nuevos que ahora cobran mayor importancia.

Es cuestionarte lo establecido, los programas, y hábitos que forman parte de ti actualmente. Significa resolver problemas de forma totalmente diferente a la habitual.

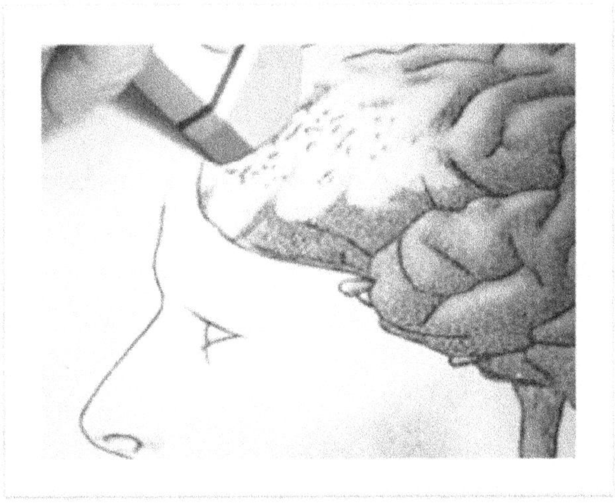

"DESAPRENDER NO ES LO CONTRARIO DE APRENDER."

Como te comenté antes en la definición, desaprender puede suponer desterrar años de conocimiento, de esfuerzos de aprendizajes, pero sin embargo, no implica olvidar todos los conocimientos y experiencias adquiridos, sino por el contrario ampliarlo con aspectos nuevos y renovados, que ahora son de mayor trascendencia e importancia para ti.

Es como utilizar y realizar un filtro, para discriminar aquello que es de relevancia actualmente de aquello que aprendimos con anterioridad, pero que ya no lo es.

Pregúntate: ¿qué es aquello que hago muy bien?

Cuando respondas seguro vas a encontrar ciertas frases como: "yo siempre lo he hecho así", "esto ya lo he probado". Estas frases son evidencias de que algo que has hecho de determinada manera te ha funcionado, pero por otro lado, también son evidencias de que si el contexto cambia, esa forma de trabajar o de actuar, es tu principal limitación.

Desaprender es hacer el esfuerzo para hacer consciente esas creencias y sustituirlas por nuevas y más enriquecedores.

> *"Los analfabetos del siglo XXI no serán aquellos que no sepan leer y escribir, sino aquellos que no pueden aprender, desaprender y reaprender."*
>
> **Albin Toffler**

Las ventajas de desaprender

 Plantearte de forma crítica lo que has aprendido hasta el momento. Esto quiere decir que realizas una inspección de los aprendizajes pasados y los reestructuras. Algunos seguirán funcionando igual, otros necesitarán adaptarse y renovarse y otros quedarán obsoletos.

 Limitas tu futuro sino realizas un análisis de lo aprendido hasta el momento. Todo se encuentra en constante cambio y transformación, y lo que ayer aprendiste hoy tal vez necesitas aplicarlo de diferente manera, flexibilizarlo o dejarlo atrás para aprender algo nuevo.

 Si no eres capaz de desaprender y reaprender no te estarás adaptando a los nuevos tiempos. Incluso puedes estar dejando pasar de largo oportunidades extraordinarias para ti, solo porque no entran en tu campo de aprendizaje actual.

 Aprender, desaprender y reaprender, forma parte de cultivar tu esfuerzo constante. Eso te convierte en valiente, en una persona que busca superarse, que no te acomodas y estás siempre progresando. Eso se vislumbra tanto dentro como fuera de ti.

 Sabes que nada es para siempre. Simplemente por ese motivo no debes mantenerte inmóvil, estancado, en tu zona de confort. Sabes que estar allí no te llevará a ningún buen puerto.

En conclusión: se puede decir que te haces consciente de todo lo que vas sacando a la luz y eliges que experiencias y aprendizajes del pasado te ayudan, para revalorizarlos y darles un nuevo enfoque de crecimiento para ti. La idea es siempre de progreso y crecimiento interior, y por lo tanto, se refleja en lo que sucede en tu realidad, en tu entorno, en tu vida.

No debes relajarte antes estos temas, debes estar abierto y siempre consciente a revisar tus creencias, actitudes y aprendizajes para seguir avanzando hacia tu zona de éxito, allí donde se encuentran tus anhelos y sueños.

¡SOLO TÚ PUEDES HACERLO!
¡SOLO TÚ PUEDES LOGRARLO!

¡NO ESPERES MÁS, ACTÚA Y AVANZA!

¿Cuál es la manera de verlas o descubrirlas? Justamente mirando en ti y en tu entorno cuales son los patrones que se repiten y al hacerlos conscientes liberarte de ellos. Es el molde que al que perteneces por creencias y paradigmas.

Teniendo ya una base vamos a dividirlo para mayor comprensión los siguientes títulos:

- LA NATURALEZA UNIVERSAL

- TRANSGENERACIONAL

- TU NIÑO INTERIOR

¡VAMOS, NO PIERDAS TIEMPO QUE PRONTO LLEGA TU TRANSFORMACIÓN!

¡CONFÍA EN TI!

LA NATURALEZA UNIVERSAL

Así he decidido llamar al **inconsciente colectivo,** de naturaleza universal e impersonal.

Como ya viste, el inconsciente colectivo es común a toda la humanidad. Así como las características físicas de un individuo es más o menos similar a la de todos los que pertenecen a la espacie humana, también hay características comunes en la mente inconsciente independientemente de la cultura y la sociedad en que vives. Esto ha acompañado a la humanidad desde sus inicios. Se ha convertido en el lenguaje universal del ser humano.

De esta forma puedes comprender como personas que pertenecen a culturas totalmente diferentes comparten algunas características en común.

"EL INCONSCIENTE COLECTIVO ES COMÚN A TODOS LOS HOMBRES".

Está conformado por dos elementos que se encuentran entrelazados:

- **Los arquetipos o moldes**

- **Los instintos**

¿Por qué están entrelazados? Así como poseemos instintos también poseemos imágenes arquetípicas, moldes comunes a todos. Esto indica que estamos todos conectados de alguna manera, que existe algo innato al ser humano, un tipo de almacén experiencial que todos poseemos por igual como especie, como si fuera una biblioteca universal.

Los arquetipos son los moldes o patrones básicos de toda la humanidad, como por ejemplo el amor, el miedo, la integridad, el ser... etc.

Esos moldes los adquirimos al nacer, heredados de nuestros progenitores y estos a su vez de los suyos y así sucesivamente, hasta el inicio y evolución de la humanidad toda.

Cuando naces llegas a este mundo con una especie de memoria base heredada genéticamente desde el origen del ser humano, algo con lo que hemos ido evolucionando generación tras generación guardado de modo inconsciente en nuestra memoria.

Todos sentimos las mismas pulsiones que son instintivas como el amor, la ira, la rabia, el miedo... son emociones fuertes que se instalan en el cuerpo y todos sabemos reconocer. Si te fijas bien son difíciles de explicar con palabras, pero cuando las nombras todos podemos comprender de qué estás hablando.

Por ejemplo: existen tipos de miedos que todos compartimos, como el miedo a la oscuridad. Seguramente generado por un instinto básico de supervivencia.

Esos arquetipos o moldes se manifiestan de manera instintiva, surge como un mecanismo natural e inconsciente.

Los sueños son uno de los medios que nos conectan con el inconsciente que todos compartimos.

> *"Hasta que no hagas consciente lo que llevas en tu inconsciente, este último dirigirá tu vida y tú lo llamarás destino"*
>
> **Carl Gustav Jung**

Ignorar esas huellas, patrones o moldes que conforman nuestro pasado y son los que nos configuran en el presente; olvidarlos, desterrarlos o reprimirlos, sería como desconectarnos de nosotros mismos, y nos traería trastornos emocionales.

El inconsciente siempre lucha por mostrarse, pero es reprimido por el ego. Existe en el ser humano, en general, una concepción errada sobre el inconsciente, hay temor, porque pensamos que lo que se encuentra allí es malo, simplemente porque lo desconocemos.

Si piensas por un momento el ser humano siempre manifiesta miedo a lo desconocido e intenta evitarlo. Pero en este caso, se han realizado tantos estudios para conocer aquella fuerza que nos mueve o nos dirige, de la cual no somos conscientes, y se ha demostrado que tenemos que amigarnos con esa parte tan importante para nosotros. Allí radica el poder con el que contamos cada uno de nosotros para comenzar a conocernos internamente y tener pensamientos, programas y actitudes más conscientes encaminadas a la dirección que deseamos.

Carl Jung fue uno de los profesionales de la psicología

y psiquiatría, que separándose de su maestro y compañero Freud, logró demostrar mediante sus estudios, que no sólo existe un parte inconsciente acumulada por las represiones y olvidos de nuestras experiencia humana desde nuestra llegada a este mundo. Sino que existe una fuerza mayor dada por nuestros progenitores y los progenitores de ellos, una fuerza inconsciente de nuestro clan que nos lleva a repetir historias y patrones que desconocemos, hasta que los descubrimos, si buscamos y ahondamos en ello. Pero esto no es todo, también nos dirige una fuerza aún mayor que todo esto que es inherente a todos los seres humanos sin diferenciar cultura, raza, lugar de nacimiento, edad, sexo, etc.

ARQUETIPOS O MOLDES

Existen moldes o patrones establecidos llamados arquetipos e instintos, propios del ser humano para la supervivencia y protección, desarrollados desde los inicios del ser humano en la tierra.

Todas las evoluciones que hemos vivido como seres en este mundo se van grabando en ese inconsciente colectivo al que todos tenemos acceso desde el momento del nacimiento.

Quiero citar lo que dijo Albert Einstein, muy relevante para este tema:

"El ser humano forma parte del todo que llamamos Universo, una parte limitada temporal y espacial, donde experimenta su existencia, sus pensamientos y sus sentimientos como algo separado del resto; algo así como la especie de ilusión óptica de su conciencia. Esa ilusión es nuestra cárcel, la que limita nuestros deseos y nuestro afecto por las personas próximas a nosotros. Nuestra tarea debe ser la de liberarnos de esta cárcel, aumentando nuestro círculo de compasión para abarcar todos los organismos con vida y toda la naturaleza".

Esta manera de actuar que nos involucra a todos como seres humanos es el cúmulo de experiencias que heredamos de las sociedades ancestrales.

Por ejemplo: creer en la vida después de la muerte es un arquetipo o molde que remonta desde la antigüedad. La relación que mantenemos con las estrellas, las constelaciones y los planetas que nos sirven de guía o influencian en nuestras vidas, lo cual viene también de las primeras existencias y se han mantenido, incluso estudiado y perfeccionado en nuestra evolución como seres conectados con el Universo, también es parte del inconsciente colectivo.

Sino cómo se explica que en épocas en que no existía la conexión tecnológica que hay en estos momentos, desde lugares muy distantes se realizaran los mismos actos, rituales y hasta tengan los mismos patrones y pensamientos sobre determinado tema que coincida plenamente sin antes estar en contacto.

Es evidente que esa trama de información inconsciente, de naturaleza Universal, es común a todos.

 **INSTINTOS**

Hay una parte de esa trama o red inconsciente que deriva

de esos primeros pasos del ser humano en la tierra y que hoy siguen funcionando de la misma manera, pero adaptados a la vida actual. Ellos son los instintos que experimentamos ante la supervivencia y la protección propia.

Ante determinadas situaciones se activan funcionas biológicas inconscientes, que actúan sin tu permiso y sin que tú te des cuenta o seas consciente en el momento. Pero es relevante conocerlas para que comiences a entenderlas y bajar su intensidad cuando en realidad la situación así no lo requiere.

Los instintos te garantizan la supervivencia y de esos instintos surgen las emociones.

- A menor consciencia de esos instintos mayor será la respuesta o comportamiento sin control, una respuesta más salvaje.

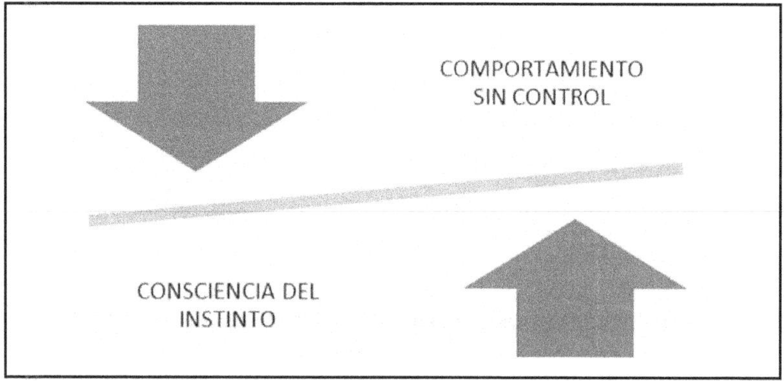

- A mayor consciencia de esos instintos menor será la respuesta o comportamiento sin control, sino que será dirigido por nosotros.

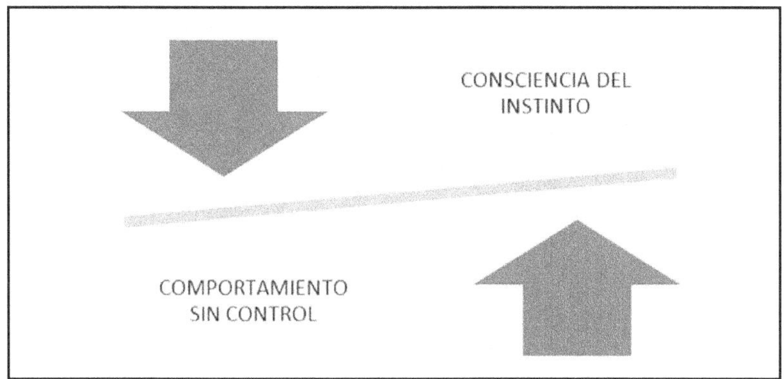

Ante el miedo y la supervivencia a un estímulo, el ser humano desata dos tipos de respuestas inherentes a todos. Suceden por igual tanto en ti como en mí las mismas funciones biológicas.

Ante un peligro el cuerpo humano inconscientemente cuenta con dos opciones:

- **Huida**

- **Lucha**

Ambos desatan respuestas biológicas y detienen otras.

Ante un peligro real nuestra frecuencia cardíaca aumenta, la frecuencia respiratoria también, el nivel de glucosa, o sea de alimento que consume el músculo también aumentan en estos momentos y todo esto sucede a modo preparación, ante el peligro, para esperar la decisión nuestra de huir o luchar.

Todo este proceso se manifiesta instintivamente y de manera inconsciente antes que tú tomes la decisión o reacción ante el peligro de forma consciente.

Todas estas adaptaciones fisiológicas son muy importantes y relevantes cuando el peligro de supervivencia es real, como por ejemplo, si tenemos un león frente a nosotros y peligra nuestra vida. Pero en tu vida diaria se disparan por situaciones que no son de peligro real, de vida o muerte.

Cuando entras en ese estado se detienen todos los procesos a largo plazo. Porque si quieres disponer de toda la energía y oxigenar tus músculos para huir o luchar, el resto del organismo cesa sus funciones.

Por ejemplo: el proceso de digestión, no lo necesitas ahora mismo si un león te quiere comer, entonces el proceso cesa en ese momento. Las funciones de crecimiento, lo mismo, ya funcionará luego de salir de esta situación de supervivencia, y así sucede con cada proceso fisiológico que no es necesario en ese momento.

Vamos a convenir que tiene lógica, pero siempre y cuando el peligro sea real.

El tema reside en que vivimos en ese estado de alerta constantemente, provocando estrés en nuestro cuerpo y mente.

Lo que estás recibiendo como información en este momento es totalmente importante, te demuestra que el inconsciente trabaja a niveles que no percibes, pero ahora al tener conocimiento de ello puedes prestar más atención y comenzar a manejar de manera más activa, desde la consciencia, todos los complejos o conflictos que te generan ansiedad, fobia, depresión o síntomas que te mantienen estancado sin saber sobrellevar o superar.

Entonces sabes que existe el inconsciente colectivo que actúa por medio de tu mente a un nivel Universal, pero ahora tienes la información necesaria para saber porque están allí, que es positivo, no tiene nada de malo, y que tú puedes observar y cambiar las respuestas que das a determinados estímulos externos.

Tienes que ver al inconsciente como un amigo, como una guía para lograr las adaptaciones necesarias en tu vida, en tu día a día. De esta forma tus sueños y metas no serán boicoteados por todo lo que llevas en tu interior. Cuentas con el aprendizaje y la experiencia de saber y sentir que tú eres el responsable del camino a elegir y de qué forma quieres transitarlo.

Sé que perderás ese miedo que te ha sustentado gran parte de tu vida. Llegó el momento para cambiar todos esos conflictos internos, que no son reales más que para tu mente.

Ahora sabes y comienzas a conocerte. Entonces no te abandones, mímate, ámate y cuídate con todo el amor. De ese amor nacerá tu prosperidad y tu felicidad.

¡ERES UN MARAVILLOSO SER Y CADA PARTE QUE INTEGRAS DE TI COMPONE EL TODO, CAMINO A TUS LOGROS!

¡Sígueme que hay mucho más por conocer de ti y lo heredado de tus generaciones. Vamos por el inconsciente familiar que tiene mucha información para regalarte!

TRANSGENERACIONAL

¿QUÉ SIGNIFICA TRANSGENERACIONAL?

Es un término novedoso que se ha incorporado en el vocabulario de terapias de crecimiento personal y sanción interior y de todo el árbol genealógico.

La misma palabra lo dice, traspasar, transcender las generaciones, tanto pasadas como futuras.

Aquí nos encontramos en terreno de lo que llamamos **inconsciente familiar**. Es el inconsciente biológico que el árbol genealógico guarda y que el clan trasmite de generación en generación para que el conflicto se pueda resolver en la posterior descendencia.

Esto se traduce en traumas o dramas sucedidos dentro de la familia que se ocultan y se vuelven secretos. Ese o esos secretos tratan de salir a la luz en la siguiente generación para ser sanados. Cuando no sucede tal cosa se va trasmitiendo hasta que algún miembro de la familia es capaz de trascenderlo y así sanar, de ese trauma en particular, a todo el árbol tres generaciones para atrás y tres generaciones para adelante en el tiempo.

El **árbol genealógico** está conformado por las generaciones anteriores a tu existencia. Generalmente se tiene en cuenta hasta tus bisabuelos y mientras más información tengas sobre sus vidas más comprenderás la tuya.

Toda la información está viva en ti, en tu inconsciente. Y si no lo tienes en cuenta te pasarás la vida en ese modo y repitiendo otras vidas; las de tus generaciones anteriores.

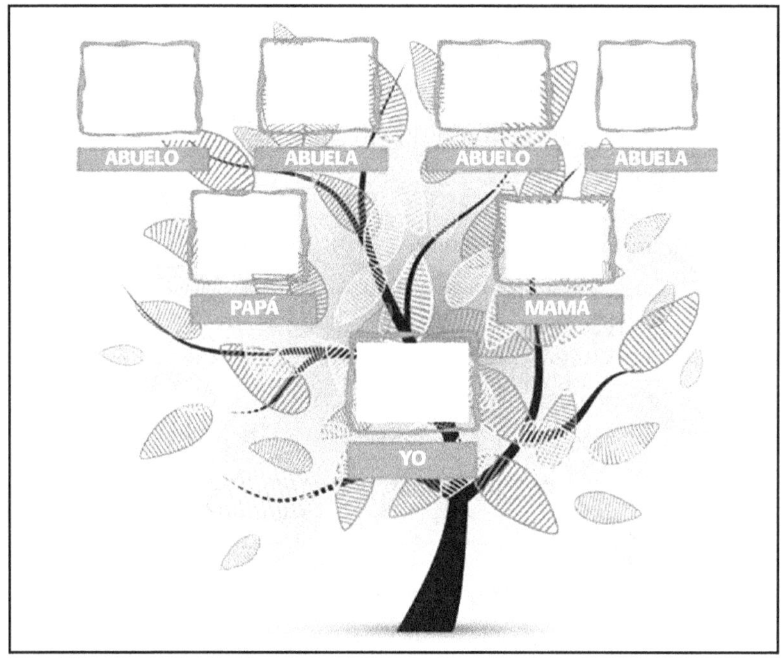

Conocer esa información es relevante, ya que te ayuda a saber de dónde venían, cuáles eran sus fortalezas y también sus debilidades. Es como un mapa de vida que te brinda una guía para tener claro lo positivo de tus ancestros, sus fuerzas, sus logros; y por otro lado sus dificultades, sus dramas y debilidades, para así poder tu mejorarlas, superarlas y trascenderlas para crecer como familia.

Compartes con ellos inconsciente, ADN, creencias, formas de ser y hablar, posturas corporales, hábitos, gestos y muchas veces gustos, profesiones y sueños.

Todo esto a veces te afecta y terminas generando una vida igual, con lo positivo a destacar, pero también con lo negativo que nos paraliza para avanzar.

Te voy a dar **un ejemplo** para que se entienda bien como repetimos inconscientemente historias pasadas de nuestro árbol genealógico.

Lucía se siente frustrada porque no logra mantener en su vida relaciones amorosas estables.

Pasa por todo tipo de terapias buscando solucionar ese problema que se repite relación tras relación.

Hasta que un día hablando con su madre sobre su abuela descubre que ambas han vivido fracaso en sus matrimonios. Incluso su mamá actualmente está separada de su papá y de una segunda pareja que quedó en el tiempo. Sufrieron por amor, fueron traicionadas y su opinión sobre los hombres es de total desconfianza.

Cuando Lucía culmina esa charla se ilumina su inconsciente familiar y al hacerlo consciente logra trascender. Esa limpieza trae como resultado una relación nueva en su vida, sana, amorosa y extraordinaria.

Mediante el análisis del árbol genealógico puedes explorar más allá del inconsciente individual y llegar al inconsciente familiar, descubriendo lo que tal vez no has podido sanar hasta el momento y te mantiene repitiendo mismos hábitos o patrones dañinos.

En el inconsciente familiar anidan frustraciones y pactos invisibles, deudas impagables, vocaciones, talentos, modos de vincularnos con la pareja, los amigos y el trabajo o proyectos.

En los nudos secretos que toda familia se encarga de perpetuar habita lo conflictivo, y la compulsión de repetir los mandatos de nuestros antepasados.

Por ejemplo: cuando tomas conciencia de una profesión o talento que se cree propia y resulta que también la tenía tu abuelo. Cuando alguien no puede tener hijos porque se sigue el patrón trasmitido desde las generaciones anteriores, donde dar a luz era equivalente a morir en el parto.

Puedes buscar, teniendo conocimiento sobre tus antepasados, el origen de ciertas enfermedades, fallas que se repiten al elegir pareja, fracaso en los estudios, etc. Ayuda a despejar dudas sobre tu propia identidad. Hacer consciente y comprender ciertos comportamientos repetitivos o derivados de tal persona o personas de nuestro árbol genealógico te ayuda a liberarlo y a dejar salir fuera a tu verdadero ser, a quien eres en realidad sin ninguna venda más en tus ojos.

Es bueno preguntar a tus padres, a tus tíos y tías, a tus abuelos si tienes la bendición de tenerlos y aun más a tus bisabuelos; que te cuenten sus historias de vida, ver fotos, reunir datos, documentos, etc, todo sirve para romper el paradigma familiar y liberarte a ti mismo y a todos. Para que no siga afectando a las siguientes generaciones.

Tú que ya vienes trabajando en hacer consciente todo lo que es tuyo y lo que no, este es un buen trabajo de limpieza interior y de todo el clan.

¿Cómo darle valor a esta información?

Ante todo, no tienes que mirar tu árbol genealógico desde arriba hacia abajo. No te quedes en la posición de creer que porque a algún miembro de tu familia le ocurrió cierta situación o tuvo una enfermedad, eso se va a repetir en ti. No tiene porque ser así. De esa manera vives en el miedo a experimentarlo cuando en realidad en la mayoría de los casos nunca va a suceder, excepto que te lo creas.

El sentido del transgeneracional es aportar a partir de un síntoma (físico, emocional o social), que se manifiesta en ti, decodificar en tu árbol alguna historia concreta que aporte una solución. De esta forma estás mirando el árbol desde abajo hacia arriba. Buscando resolver el conflicto de una manera diferente a como se ha desarrollado con tus ancestros.

Otro punto importante es que veas el recurso que tienes ante ti para tu liberación y crecimiento, dejando de enfocarte en el problema. Esto sucede cuando no quieres asumir tu responsabilidad y te quedas en tu zona de confort sin actuar. Entonces le echas todas las culpas a tus padres o alguno de ellos, a tus abuelos o bisabuelos. Eso es mostrar tu debilidad, tu victimismo, que mediante lo que expreso en estos libros, mi intención es que no lo permitas más.

Al lado del problema siempre está la solución, sólo debes enfocarte en los recursos. En aquello que es positivo y enriquecedor en tu árbol. Fíjate todo lo bueno que lograron y en lo que salieron airosos. Cuando cambies el enfoque comienzan a sucederse cambios inevitables, pero totalmente positivos.

No es lo mismo que adquieras conocimiento sobre la historia de tus ancestros a que te hagas consciente de ciertas situaciones que resuenan contigo. Que las sientes y producen una emoción, un cambio interno, como un entendimiento. No existe el resentimiento por lo sucedido, sino más bien una compresión amorosa. Desde ese lugar realmente comienzas a sanar.

Si te das cuenta, toda la información que contiene tu árbol genealógico no está en el pasado, sino que la vives en el presente, está en tu inconsciente, en tu interior. Y en el instante que te haces consciente de ello toda la familia comienza a evolucionar.

Honrar a tus ancestros te ayudará a ser más libre y feliz. Más allá de lo que se espera de ti, debes seguir hacia donde te guía tu corazón, la vocecita de tu intuición.

Hay muchas películas que muestran justamente situaciones en donde el protagonista quiere perseguir su sueño, y el mismo va en contra de la tradición familiar. Eso lo hace más controversial y de mucha lucha para la persona que continua en lograr sus anhelos.

En estas situaciones, en general, termina descubriendo que algún ancestro suyo había perseguido el mismo sueño y hasta había sido desterrado de la familia, convirtiendo ese talento, vocación o profesión en un tema tabú, desvalorizado por todo el clan familiar.

Sin embargo, cuando esa lucha del protagonista continúa, en algún punto sale toda la historia a la luz y se produce un cambio, una aceptación, una liberación y transformación del todo el árbol.

¿Qué nos aporta la ciencia sobre esto?

Partamos de que en el inconsciente no existe el tiempo lineal tal cual lo percibimos nosotros en nuestra realidad (pasado-presente-futuro). Son solo construcciones puramente mentales. La información se encuentra en un presente, en un eterno ahora, y se manifiesta por medio del subconsciente en el presente.

Por tal motivo, la información que llevamos grabada en nuestra mente inconsciente, como los traumas de la infancia, las vivencias experimentadas en el vientre uterino, y las experiencias de nuestros ancestros se mantienen vivas en ti y en un eterno presente. Es por eso que es importante trasladarte a ese teórico pasado de donde emana toda la información para transformarla. No eres víctima de tu herencia, más bien, tiene un papel activo en la construcción de tu propia realidad.

Estudios científicos han demostrado mediante lo que se denomina **epigenética**, que las experiencias de las personas se adhieren, bajo forma molecular, al material genético, al ADN.

Uno de los estudios más esclarecedores es el realizado por Rachel Yehuda (hospital Monte Sinaí, Nueva York) acerca de los efectos a largo plazo del Holocausto.

Se estudiaron a 32 hombres y mujeres judíos internados en los campos de concentración nazis, que habían presenciado o experimentado torturas o habían tenido que esconderse durante la segunda guerra mundial. Además estudiaron a su descendencia, quienes demostraron una probabilidad aumentada de padecer trastornos de estrés, en comparación con las familias judías que vivieron fuera de Europa durante el Holocausto.

Como conclusión, descubrieron que el estrés crónico vivido por los padres trasmitidos a su descendencia, se debe a una hormona que ayuda a eliminar el cortisol (la hormona del estrés) del organismo; se trata de un mecanismo de adaptación al estrés continuado para incrementar las probabilidades de sobrevivir. Esta estrategia fue útil para la generación que vivió el Holocausto, pero no lo es para las siguientes generaciones.

Como ves los fuertes impactos que sufren las personas no se limita únicamente a las que las sufrieron, sino que sus efectos se extienden a hijos y nietos.

Los científicos al analizar este tipo de herencia descubren como las situaciones que le pasan a alguien a lo largo de su vida pueden cambiar la forma en que se expresa su ADN, y como ese cambio se trasmite a la próxima generación. Se produce una modificación en la expresión de los genes, sin que se produzca un cambio en el código genético. Es decir, existen pequeñas etiquetas químicas que se adhieren o eliminan de nuestro ADN en respuesta a los cambios en el entorno que vivimos.

Esas etiquetas activan o desactivan los genes, posibilitando la adaptación a las condiciones del entorno sin causar un cambio más permanente en los genes.

El hecho es que estos cambios epigenéticos pueden trasmitirse de generación en generación. Principalmente aquellas experiencias traumáticas, que culminan provocando un impacto en el árbol genealógico.

Lo bueno de todo esto es tomar consciencia de cómo nuestras propias acciones y experiencias podrían afectar a nuestros hijos, y por tal motivo es esencial que podamos deshacernos de esos efectos adversos utilizando técnicas o ejercicios que nos involucren en la posición de limpiar todo aquello que no nos pertenece, ya sea heredado o adquirido.

Curar los efectos de traumas vividos se convierte en un proceso relevante para sanarte a ti mismo, cortar la herencia a futuras generaciones y liberar a las generaciones anteriores.

En definitiva

Ya vienes en el proceso de hacerte responsable de tu realidad, que toda esta información compartida no es para buscar culpables afuera, recuerda que eso sería seguir en el estado de víctima que sólo puede llevarte a estar cada vez peor.

Sé que eres inteligente y sabes que todo este aprendizaje es para tomar consciencia de cómo funcionamos como seres humanos y como funciona nuestro mundo de percepción y el mundo no visible para nuestros ojos.

Ver que el campo del inconsciente guarda más información de la que podríamos imaginar y que conocerla es a nuestro favor, porque de esta forma podremos soltar todo aquello que actualmente consideras que ya no te pertenece y dejar espacio para todo lo que te mereces.

Hay infinitas posibilidades ahí afuera para lograr lo que deseas, elige desde el lugar que sabes te llevará hacia ello. Toma el control de todo, y avanza. No permitas que nada se estanque en ti, ni te detenga. Resuelve y sigue.

Eso no significa que todo sea ideal, vas a pasar por procesos difíciles al sacar afuera tanta maleza que fue creciendo casi sin permiso o porque no eras capaz de verlo.

Mi consejo es que lo vivas, lo sientas y lo superes. Dando un paso tras otro, pero sin detenerte.

Avanza, avanza y avanza; que cuando quieras darte cuenta ya estarás bastante lejos del punto en el que te encuentras hoy.

Ejercicio:

Te propongo un ejercicio que te puede ayudar a liberar esa carga que no te pertenece:

Busca un lugar tranquilo y cómodo para ti en donde no sucedan interrupciones. Te sientas en una posición cómoda y frente a ti colocas dos almohadones. Que pasan a representar a tu papá y tu mamá, y también, si es necesario para ti, la o las personas que sean parte de tu familia con la que sientas que tienes cuestiones por resolver.

Cierra los ojos, respiras hondo varias veces con la concentración puesta en ello. Luego comienzas a visualizar una habitación cálida, como la deseas, con tus gustos y decoración que te haga sentir que es tu lugar, tu espacio para ser tu mismo.

Comienzas a visualizar e invitas a tu mamá y papá, o como dijimos antes la persona de tu familia que consideres. Les pides que se acomoden delante de ti, enfrentados para poder comunicarse. Comienzas agradeciéndoles que están ahí y que los convocaste para devolverles lo que es de cada uno y, por lo tanto, no te pertenece.

Te imaginas que lo que les vas devolviendo son paquetes que contienen aquellas creencias, patrones, hábitos que adquiriste o heredaste y no los consideras tuyos realmente. Que no te dejan crecer, ni avanzar porque no salen de tu interior, sino que les pertenece a ellos.

Aquí tienes libertad para decir todo aquello que has sentido que no te pertenece. Pero el ejercicio debe ser realizado desde el amor, la compresión que ellos te dieron lo mejor que sabían y podían, siempre buscando tu felicidad desde sus perspectivas, desde sus experiencias, desde su consciencia. Por lo tanto, no son ni reclamos, ni reproches. Solo devolución desde el corazón.

Puedes por ejemplo decirles que les devuelves las creencia limitantes que pusieron freno a tu evolución, el poder de sanar sus propias heridas de las cuales se tienen que hacer cargo y no te corresponden a ti; la responsabilidad de su propia felicidad, que tampoco depende de lo que tú hagas o deshagas; las armaduras que han puesto en su corazón para protegerlo de heridas, que te han impedido dar y recibir todo el amor que tienes; los miedos, frustraciones, fobias, fantasmas que tampoco son tuyos, sino de ellos.

Puedes sacar afuera todo lo que sientes. Incluso puedes hablarle a cada uno con cada situación que te ha marcado, si logras identificar de quien es cada una.

Una vez terminada esta entrega de paquetes, debes agradecerles por estar ahí, y por haber sido el canal por el que llegaste al mundo. Diles que sabes que ellos hicieron lo que debían hacer para que hoy tu estuvieras dónde estás, que fueron grandes maestros para ti, y que ahora tomas tu propio camino, que no dependes de ellos, ni de sus deseos, ni pensamientos. Que eres adulto y responsable de tu propia vida.

Por último, abraza a cada uno de ellos, hazlo abrazando a cada almohadón para sentirlo realmente y visualízalos yéndose amablemente y sonriendo con todos los paquetes en sus manos.

Siente la ligereza y la liberación que eso te genera, respira hondo y abre los ojos.

Es un ejercicio excelente para soltar todo aquello que te hizo daño y que tal vez sin darte cuenta sigue allí y no lo habías siquiera percibido.

Por eso es necesario conectarte y dejar salir todo, que en esos momentos comienza a fluir. Siempre cuando hay amor todo fluye, no hay esfuerzo. Si tienes ganas de llorar, de gritar, de reír, etc. hazlo. Todo lo que sale de ti es totalmente sanador durante el ejercicio.

Estas en medio de la vegetación haciéndote camino buscando algo que no sabes que es, pero si sabes que es para ti. Es un regalo del Universo, porque todo lo sucedido hasta ahora, así lo ha sido.

De golpe te topas con una palmera enorme, miras su altura y te parece inmensa, te das cuenta de tu tamaño y todo a tu alrededor toma mayor relevancia, mayor valor e importancia.

En ese instante tus pensamientos te llevan hacia atrás, de pronto recuerdos vienen a tu mente. Estás con tus padres y tus abuelos, justamente en una playa de vacaciones.

Siempre te han fascinado las playas, el mar, el océano; por eso emprendiste este viaje. Pero no fue únicamente por la pasión que te genera navegar, sino que acabas de darte cuenta que escapabas de tu entorno, en el cual te sentías muy distante, y diferente. No eras parte. Por lo menos así lo sentías antes de embarcarte en esta aventura, en la que vas despertando poco a poco cada parte de ti.

En ese recuerdo familiar ya te trasmitían todo lo que deseaban de ti. Que seas de tal forma como tu abuelo, que sigas los paso de tu papá, que consigas una pareja como tu mamá, y miles de mandatos y expectativas puestas sobre ti.

Recuerdas que ese día era hermoso gracias a la naturaleza del entorno, a lo agradable de la temperatura, al sonido del mar, a sentir las olas empujándote y jugando contigo en su ir y venir.

Estabas feliz con todo ello. Pero te disgustaba y te alteraba la presión y exigencia que sentías al querer agradar y cumplir con lo que tu familia esperaba de ti. En el fondo sabias que tú no eres nada de eso que ven o esperan que seas. No dices nada, te lo guardas y te alejas para zambullirte en el océano.

Ellos creen que estas divirtiéndote, feliz y que los entiendes. Incluso que piensas como ellos. Pero tú te sientes frustrado y enojado por no poder decir que NO a todo aquello que pretenden de ti.

Hoy a esta distancia, los comprendes, y ese enojo, ese resentimiento con el que partiste a esta aventura, se va disolviendo. Sabes que deseaban ofrecerte lo mejor, intentando moldearte, sin tener el conocimiento que tienes hoy, de total respeto a cada ser, a las elecciones y decisiones de cada uno.

Sientes que en tu interior, dentro de tu corazón algo se enciende y solo puedes sentir amor por ellos y por ti. Eso te une a toda tu familia y te surgen unos deseos enormes de tenerlos ahí y abrazarlos. Sin mediar palabras, porque sabes que no son necesarias, que una mirada, un abrazo trasmite todo.

Esta experiencia que acabas de vivir te llena de energía, sientes magia. Miras a tú alrededor y todo es más brillante.

Sigues tu camino con más ganas y pensamientos positivos. - ¡Wow, como he cambiado!, piensas.

Antes de esta gran aventura solo había, quejas, mal humor, enojo, y rencor. Es increíble descubrir todo lo bello que había oculto en ti. Protegido por una coraza, por estar buscando siempre la aprobación de los demás.

Y sigues el paso a paso, a ver qué maravillas te esperan...

Ahora llegó el momento de tocar tu inconsciente individual, y es un mundo fascinante por descubrir.

¡VAMOS POR ELLO!

TU NIÑO INTERIOR

LA RELACIÓN MÁS IMPORTANTE DE TODA TU VIDA

Si, si y si. Tienes un niño en tu interior, ese que fuiste y sigues siendo.

¿Quién te hizo creer que ya en tu etapa adulta o apenas superada la niñez debes dejarla atrás?

¿Cierto que nos han hecho creer que crecer significa dejar a ese niño y volvernos serios y aburridos?

¿Te sucede que las personas más atractivas son aquellas que se hacen cargo de sus actos y a la vez saben ponerle a todo el toque de juego y diversión?

¿Te ha sucedido que cuando estás con niños te encanta ponerte a jugar con ellos y eso te llena de energía?

Es que dejar atrás todas las etapas vividas no es lo que se debe hacer, tampoco estar constantemente reviviendo y recordando, pero si cada etapa de tu crecimiento forman parte de ti. Tú eres lo que eres hoy por haber vivido todas esas experiencias y haberlas superado. Cada edad que has vivido esta dentro de tí, dentro de tu conciencia y de tu memoria.

Entonces, ¿Cuál es la manera de tenerla contigo y que te apoyen para seguir avanzando? Debes integrarlas a todas en tu interior. Todas son parte tuya, no debes querer bloquear etapas que te disgustaron, por el contrario debes verlas, sanarlas y por consiguiente integrarlas para ser una persona completa y sentirte en plenitud.

Ahora nos vamos a centrar en tu niño, ese que fuiste y eres. Porque durante la niñez has vivido situaciones de dolor, de desprotección de miedos e inseguridad.

Toda tu vida adulta está condicionada en un 95% por lo que experimentaste de los 0 a los 6 años aproximadamente.

Es mucho ¿no? Pero es real. En la vida adulta atraemos situaciones y personas que nos mantienen abiertas las mismas heridas producidas en la niñez. Si te sentiste rechazado, vas a relacionarte con personas que te vuelvan hacer sentir eso mismo. Y se repetirá una y otra vez hasta que integres y sanas a tu niño interior.

Cuando tienes problemas para relacionarte e intimar con otras personas, es porque no sabes cómo intimar con tu propio niño interno. Es muy importante comenzar a curar y sanar la relación con ese niño olvidado.

Tengas la edad que tengas hay en tu interior un pequeño que necesita amor y aceptación. Es la relación más importante de toda tu existencia. Podrías tener una vida excelente si tan sólo pudieras hablar constantemente con tu niño interior.

Quizá te pueda parecer extraño entender que llevas a tu niño, ese que fuiste, dentro de ti, porque ya eres un adulto y así te sientes. Piensas que todo lo vivido ya forma parte del pasado y que no tiene ningún sentido regresar allí.

La realidad es que nada se borra, todo sigue latente. Las

experiencias que tuviste de niño y las energías del mismo siguen vivas en ti. Puedes creer que los recuerdos ya no están en ti, pero te aseguro que si están, que no los has olvidado, y que si no los haces visible y los sanas ahora, la vida se va a encargar de mostrártelo las veces que sea necesario hasta que lo veas y lo resuelvas.

¿Cómo eras cuando naciste?

En el momento que tu Alma se unió al cuerpo físico a la hora de nacer, llegaste a este mundo siendo un ser puro, perfecto, feliz, completo y divino.

La mente de todo bebé es amor puro e infinitas posibilidades. Cuando ingresas a este plano tridimensional, que es la tierra donde vivimos, tú ya sabías que venias a explorar nuevos territorios, ya habías seleccionado a tus padres y ya tenías perfectamente detallado cual es el propósito a cumplir.

Así como llegaste tú, de la misma manera llegaron tus padres en su momento y cada ser humano llegó con la misma intención y en ese proceso sufrieron lo mismo que tú.

Tus padres te trasmitieron todo lo que ellos aprendieron desde el más profundo amor. Su idea siempre es protegerte y ayudarte a crecer. No hay nunca una mala intención detrás de todo lo experimentado. Pero debes ser consciente que también te trasmitieron sus partes inconscientes más oscuras, sólo con la intención de protegerte te trasmitieron miedos y sus creencias acerca de cómo debes ser y como debes vivir la vida.

Ellos sólo intentaron enseñarte las lecciones que te mantendrían vivo y no siempre fueron adecuadas para ti. No siempre te trataron con comprensión y a veces te culparon y te avergonzaron. Pero debes tener claro que no ha sido a propósito, sino de una manera inconsciente. En esa manera de educarte te infundieron miedos y te ocasionaron situaciones de dolor, soledad, abandono, desvalorización, desesperación, etc.

Toda esta información que estas recibiendo hoy, es para que comprendas que cada uno de nosotros pasa por heridas cuando es pequeño, que quedan marcadas, y por ese motivo no debes juzgar a nadie, ni siquiera a ti. Debes comprender que cada persona hace todo lo que puede, desde su entendimiento, desde sus vivencias y aprendizajes. No hay otra manera. Esto no va de juzgar a tus padres o los adultos que te criaron, más bien, va de comprender que ellos tienen sus propias heridas infantiles y te han entregado lo mejor que pudieron desde un profundo amor y con la intención de protegerte, enseñarte a caminar por esta vida y crecer.

La verdad es que nadie les ha enseñado a amar y a ser responsables de ese amor. Como a ti tampoco te enseñaron. Así comienzan las heridas emocionales de casi todos los niños, unas más potentes que otras, pero no por ello menos accesibles a ser sanadas hoy de adulto.

La responsabilidad recae en ti. Ya adulto debes hacerte cargo de todo lo que llevas dentro, abrazarlo y soltarlo.

Las cicatrices sin cerrar

Las heridas del pasado siguen allí, solo que encubiertas y al acecho hasta que decidas prestarles atención y sanarlas.

Si cuando eras niño las cosas iban mal, o no todo, pero algo no estaba bien, es muy probable que hayas pensado o sentido que algo andaba mal en ti. Que pienses que si no haces bien todas las cosas, tus padres no te van amar.

Un niño siempre busca afecto, amor y ser aceptado. Cuando alguna de estas cuestiones no ocurre, te tiras encima toda la culpa y te repliegas hacia dentro. Piensas que si deseas algo y no lo obtienes "no vales lo suficiente". Y luego de adulto rechazas ciertas partes de de ti mismo.

Vamos a nombrar algunas para que comprendas cuales son en general las heridas emocionales que sufres de niño, con algunas de ellas te sentirás identificado y otras las descubrirás tu mismo.

- Un niño es herido emocionalmente cuando se lo traiciona o se lo defrauda. Cuando se le prometen cosas que luego no se cumplen. Entonces ese niño comienza a tener desconfianza, pierde la fe en sus padres y también se sienten no merecedores, y por ese motivo no le dan lo prometido. Creen que es porque hicieron algo mal.

- Cuando a un niño le mienten aprende a desconfiar de todo y la palabra deja de tener valor.

- Se les enseña a reprimir ciertas emociones como la ira antes situaciones de humillación y eso genera que esa emoción quede instalada adentro y no esté resuelta.

- Si un niño se siente abandonado o ignorado, aprenderá que la soledad es un estado negativo y la evitará. No más lejos de eso, ya que la soledad es la mejor compañía para el autoconocimiento.

- Si ha recibido muchas críticas y ha sido muy cuestionado de niño, es normal que lleve heridas emocionales como la falta de confianza en sí mismo, la desvalorización o el miedo al rechazo. Eso de adulto generará inseguridad en cada decisión tomada.

- Cuando el niño presencia discusiones y peleas, ya sean verbales o físicas entre los adultos, es muy probable que se llene de temor. Que se haya asustado y hasta sentido amenazado; y hoy de adulto presente sentimientos de depresión, tristeza, ansiedad y miedo al abandono.

- Si de niño te han llenado de responsabilidades y no te han dejado realmente ser niño, jugar, reírte, disfrutar, crear; de adulto te sientes limitado y fragmentado. Todo niño debe vivir esa etapa a pleno antes de pasar a la adultez.

La infancia deja marcas y huellas que duran toda tu vida. Por ese motivo debes atenderlas y sanarlas. Es vital para tu real crecimiento. Ese niño está dentro de ti y su energía se sigue manifestando todo el tiempo.

¿Sabes cómo se manifiesta las cicatrices aún abiertas? Por medio de las emociones que sientes, te llama la atención mediante ellas. Debes prestar mucha atención a lo que sientes y a las emociones que fluyen en tu día a día, así podrás entender a tu niño y obtener sus respuestas. Mantener una conversación con él, abrazarlo y curarlo.

Cada recuerdo y experiencia está grabada en tu subconsciente como patrón de pensamiento. Tu tarea consiste en hacer conscientes todas aquellas situaciones que mantienen patrones y creencias negativas para comenzar a cambiarlas. Como ya sabes, la mayoría proceden de tu niñez.

La desconexión con tu ser

En general la desconexión se produce alrededor de los 3 años. Es cuando el cerebro, esa computadora excelente que tenemos, comienza a tener la capacidad de adquirir información externa.

Antes de esa edad eres un ser perfecto. Naces siendo perfecto, tu cuerpo es perfecto, todo lo que necesitas y sientes lo expresas sin ningún condicionamiento ni freno.

Nuestra mente es como un ordenador, que viene con programas ya instalados desde el momento de tu nacimiento. Esos programas son internos, y son sólo programas bases para mantenerte con vida. Son los programas vitales como los de respiración, de alimentación, etc. Todo lo que tiene que ver con el organismo, con el funcionamiento de tu cuerpo físico. Eres una máquina perfecta, con un funcionamiento excelente que llega así desde fábrica. Esa es la maravilla del cuerpo humano que debes cuidar y valorar, es tu propia casa donde está guardado todo lo que eres y viniste a ser. ¿Viste alguna vez un bebé analizando si debe o no llorar para expresar su necesidad de disgusto, por hambre, por tener sucio el pañal, por sentir frio o calor, por alguna molestia en particular? ¿Crees que piensa en no hacerlo para no disgustar a sus padres o por miedo a que lo dejen de amar y lo abandonen? No, eso nunca sucede siendo tan pequeños. En esa etapa sabes bien que lo que quieres y deseas es tuyo y lo vas a exteriorizar. No hay análisis, ni moldeados externos. Sólo eres tú y buscas tu satisfacción. Te amas, y no piensas si el otro te ama o no de acuerdo a tu comportamiento, sabes que es así por naturaleza. Los programas son innatos y son celulares, totalmente biológicos y físicos.

Pero a medida que vas creciendo comienzas a interpretar las respuestas de tu entorno. Descubres que es lo que está bien y que lo que está mal en tus pensamientos y acciones, por la guía que te dan los mayores que te rodean.

Así llegamos a este mundo y nos mantenemos de la misma manera hasta aproximadamente los 3 años, que es cuando empiezas a absorber programas que vienen del exterior. Esos son los programas emocionales.

A partir de aquí los programas son más neuronales que celulares. Ingresan produciendo conexiones neuronales para que los mismos sean aprendidos y repetidos sin mayor esfuerzo. En el libro anterior vimos las redes y conexiones neuronales y lo importante de la plasticidad del cerebro para poder cambiar esos patrones y redes armadas y sostenidas durante años.

A partir de esta edad comienzan a ingresar a tu mente los programas que te crees. Empiezas a creer que todo lo que eres es lo que te dicen desde el exterior. De esta manera, de a poco, ese niño que eras comienza a cortar con esa identidad inicial, con la que se encuentra en tu ser, en lo profundo de tu corazón, y comienzas a creer lo que te dicen que eres desde el exterior.

Durante esta desconexión el niño que eres comienza a sentirse inseguro y aparece la angustia. Esa angustia de la que pasas toda la vida huyendo, provocando lo contrario. Huir hace que cada vez se haga más y más grande. Debes aprender a mirar en tu interior, volver a descubrir quién eres antes del ingreso de esos programas externos que realmente no te pertenecen a ti.

De esta manera comienzas a cerrarte y a adaptarte a tu entorno. Buscando la manera de agradar y de ser aceptado y amado. El miedo al abandono siempre está latente. Un niño asustado se convierte automáticamente en otro ser, totalmente adaptado a su entorno.

Busca a tu niño

Si entras en tu interior a buscar ese niño, también encontrarás a tus padres, o a quienes cumplieron la función de criarte y acompañarte en tu crecimiento. Y verás todas aquellas veces que te reprendieron por algo que habías hecho mal.

Si analizas bien, verás que esas críticas siguen estando presentes hoy en tu vida adulta. Pero ya no son de tus padres hacia ti, sino que pasaron a formar parte de tus auto-críticas. Fíjate que muchas veces esas palabras o frases negativas con las cuales te definían desde chico, hoy las repites tú al hablar sobre ti. Lo puedes observar cuando te retas por algo que consideras mal hecho, cuando no te crees capaz de cambiarlo y vuelves a repetir historia una y mil veces.

Cuando llegas a adulto tienes unas 25.000 horas de cintas grabadas con la voz de tus padres. Increíble, ¿no?

-¿Cuántas crees que de esas palabras te dicen lo maravilloso que eres?

-¿Cuántas te dicen que te aman, que eres inteligente y brillante?

-¿O que eres capaz de ser lo que desees ser y que cuando seas mayor serás una gran persona?

¿Cuántas horas de esas cintas te dicen: "no, no y no". En todas sus formas?

Por este motivo comienzas a darte cuenta que no resulta para nada extraño que te la pases toda la vida diciéndote: "no", "debería", "esto está mal", etc. Sigues en automático repitiendo una y otra vez esas cintas grabadas en tu mente a esa edad temprana. Porque te las creíste y las hiciste tuyas. Pero vamos a convenir que no son la realidad, que dentro tuyo hay mucho más que todo eso, que esas limitaciones no te pertenecen a ti, sino que te las inculcaron y tu, siendo pequeño, las dejaste entrar y hacerlas parte de ti.

Todo esto no va de creer que tus padres eran malas personas o buscaban hacerte daño y hacerte sentir mal, culpable, ineficiente, etc. Ellos te aman y solo hicieron en su momento lo mejor que podían. No debes tener rencor sobre ello.

Esto se trata de cambiar en ti y sobre ti, no de acusar, ni de centrarte en lo que ellos hicieron. Debes tener claro que tus padres o los adultos que te criaron eran los destinados para ti, para aprender, para superar y trascender todo aquello que viniste a experimentar en esta vida. Ellos fueron, son y serán, aún aunque ya no estén en este plano, los que tenían que ser para que tú encontraras el camino a tu interior. Para que te encontraras y te reconocieras. Ellos son parte de tu vida para que despiertes en algún momento y seas quien realmente viniste a ser.

¿Cómo sanas a tu niño interior?

Para sanar a tu niño interior tienes que contactarlo, visualizarlo, comunicarte con él y trasmitirle mucho amor.

Ese niño sufre básicamente porque es una parte tuya olvidada, ignorada, abandonada y maltratada. No le has dedicado atención, no lo has ayudado a soltar las heridas, brindándole la seguridad de que tú estás ahí con él, que están juntos y nunca lo vas a dejar.

Cuando descubres todo esto es porque es necesario sanar a tu niño interior. Debes acceder a él, acercarte, abrazarlo, hablarle con afecto, cariño y mucho amor. Lo amas y se lo dices. Debes dejarle claro que todo lo sucedido no era real, que su cabecita le jugaba en contra al juzgar cada situación como producto de sus acciones. Debes explicarle que no está solo y nunca lo estará, que tú estás a su lado, que caminan de la mano y que siempre cuenta con un abrazo, una caricia, un beso lleno de amor incondicional. Que nada de lo que hizo es malo, que todo es aprendizaje y que juntos van caminando por los sueños que están depositados ahí dentro.

Cuando tu niño sienta que estás ahí, que no hay nada que perdonar, que todo sucedió de la única manera que debía suceder, el cambio en ti será rotundo. Al sanar a tu niño estas sanándote a ti. Estas integrando esa etapa que es parte tuya y no la dejas con rencor allí atrás olvidada.

Ahora sabes que si haces eso, si la dejas atrás con todos los sentimientos de miedo, rechazo, abandono, solo vas a conseguir que tu vida actual siga estancada en cierto punto. Porque podrás avanzar, pero no de una manera ilimitada, en algún momento te estancarás o volverás hacia atrás tirando por la borda todo el trabajo realizado pensando que es en vano y no lo volverás a intentar.

Tu intelecto, manifiesto en tu adultez, ha permanecido totalmente desvinculado de tu parte niño. Sólo por el hecho de querer o pretender olvidar lo vivido, las experiencias que te dañaron y creer que ahora de adulto debes ser maduro, que esa etapa pasó y hay que dejarla en el olvido.

Aunque te cueste reconocerlo, eres ese niño grande que añora eso que te faltó y sanar aquello que te hirió. Todos tenemos heridas, y andamos por la vida de manera inconsciente, buscando fuera de nosotros quien nos haga sentir valorados, confiados, importantes, amados, protegidos, seguros; para compensar lo que nos hizo falta de niños.

Pero tú sabes que nada vas a encontrar fuera de ti. Que si sigues así, afuera solo vas a seguir encontrando lo que refleja tu interior. Así que esas faltas van a manifestarse mediante cosas y personas que llegan a tu vida, volviendo a hacértelas revivir una y otra vez hasta que decidas sanarlas. Y cuando lo hagas el reflejo que te devolverá tu exterior será el adecuado, el que anhelabas desde siempre.

Por ejemplo: si tú eres una persona con falta de amor, insegura, desvalorizada, lo que vas a encontrar en tu vida es a personas que se encuentren igual que tú; con falta de amor, insegura y desvalorizada. Porque ese es tu reflejo, eso es lo que atraes, así vibras. Buscas a alguien que te complete y el o las personas que llegan están buscando lo mismo que tú. En este tipo de relación no se puede dar un amor genuino, ya que de ambos lados buscan desesperadamente la completud, que solamente se encuentra dentro de cada uno.

Cuando no te sientes completo te vuelves adicto a ser necesitado, a ser importante y valioso para otro. Eso se convierte en un dar pero interesado en una respuesta que te satisfaga, y si no es así, te sientes otra vez defraudado, no amado, etc. Se vuelve algo cíclico en tu vida, en tus relaciones. No debes dar con la intención de recibir algo a cambio, porque tu ya eres un ser completo, si das y recibes es porque lo haces desde tu corazón sin esperar nada del otro, sin expectativas, sin condiciones. Realmente de esa manera lograras ser feliz y sentirte pleno. Y una de las mejores maneras de lograrlo es sanando a tu niño interior.

El error es creer que todo esto no sirve, que es mucho esfuerzo sacar el dolor solo para sufrir por un tiempo. Pero te digo que no es así. Porque si realmente limpias, te liberas, y si te liberas, avanzas, creces y se diluyen muchísimas barreras hasta el momento no identificadas por ti.

Se está escondiendo el sol y tú todavía sin encontrar más nada que la vegetación del lugar y acompañado por las pocas cosas que recogiste del barco, el tesoro encontrado en la botella del océano, el que hace rato descubriste en la playa y el sonido de las olas cada vez más lejano.

Piensas que debes buscar algún sitio para acampar hasta que amanezca, comer algo y tratar de descansar un poco. En tu barco a la deriva no te sentías tan sólo como en estos momentos. De pronto te recorre una sensación de angustia, de tristeza, de soledad, de abandono, y piensas que ya estás grande, que eres adulto para estar sintiéndote así como un niño abandonado.

Pero eso que pensaste, sin quererlo, te trasladó a tu época de niño, cuando muchas veces te sentiste de esa misma manera. Añorabas que tus padres siempre estuvieran ahí para ti, sin embargo no sucedía muy habitualmente. Y cuando compartían momentos eran más relevantes los problemas económicos o de la vida diaria. Se generaban discusiones y todo se volvía tenso. Entonces optabas por quedarte callado, porque cuando intentabas hablar siempre aparecía alguna palabra o crítica que te afectaba. Así que aprendiste a ser ignorado, casi invisible.

- ¿Por qué estoy pensando y sintiendo todo esto ahora? - Te preguntas.

Realmente te ves raro, ya no eres el mismo. Evidentemente huir y alejarte de la familia sólo te ha traído sorpresa tras sorpresa. Has vivido momentos terriblemente fuertes en los que has creído morir y luego momentos inesperados, mágicos que te destinaron a donde te encuentras ahora mismo. Y en vez de alejarte de ellos te sientes cada vez más cerca, más conectado, recordándolos todo el tiempo y aprendiendo a comprender cada situación vivida sin culparlos.

Gracias a los mensajes que fuiste encontrando, que el Universo tenía reservado para ti, sientes que la vida se ha vuelto maravillosa, aún estando en esta situación tan desconcertante pero que sabes que seguramente tiene mucho más para enseñarte. Tú ya estás totalmente abierto a seguir avanzando y recibiendo todo tipo de aprendizaje que esté preparado para ti.

Encuentras una roca de importante tamaño que te sirve como refugio. Te instalas, armas tu tienda con lo poco que trajiste, comes con serenidad, ya sin miedo a lo que ven-

drá, con ganas y energía porque sientes que aún falta mucho trayecto por recorrer y que algo muy bueno te depara, así lo sientes en tu interior.

Llega el cansancio, tus párpados caen lentamente y mientras recuerdas a ese niño que eras y piensas en él, te conectas y entras en un sueño profundo.

Para que te conviertas nuevamente en la persona alegre, juguetón, sin necesidad de juzgar que eras de niño. Para que ahora en tu etapa adulta seas una persona plena, abierta para dar y recibir sin condiciones. Para que seas nuevamente quien viniste a ser en esta vida, debes sanar a tu niño interior.

Vamos a ver algunas formas. Porque realmente hay muchas, quizá estas te sirven de guía, pero tú puedas adaptarlas o encontrar las tuyas propias.

Ejercicios para sanar a tu niño interior

Uno de ellos es hablarle por la mañana y por la noche. Lo puedes hacer cuando te encuentras solo. Te comunicas con él tratándolo como si tuvieses un hijo pequeño que estuvo mucho tiempo encerrado y abandonado. Debes hacerlo con mucho amor, cariño, afecto y paciencia. El propósito es sanar todas esas heridas acumuladas de soledad, tristeza, abandono y dolor. Visualízalo y acércate, háblale y poco a poco, día tras día verás como esa relación va fluyendo y va sanando.

Otro ejercicio es escribirle una carta pidiéndole perdón por haberte olvidado de él, diciéndole que hasta el momento nadie te había enseñado, ni te habían explicado que él vive en tu interior, y que podías acceder a él para cuidarlo, protegerlo, amarlo y caminar juntos de la mano. Dile que de ahora en más nunca va a volver a sentir esa soledad, ese abandono y olvido. Dile que lo amas y es lo más importante en esta vida para ti. Esta carta la puedes guardar y leer todas las veces que quieras o quemarla. El proceso lo determinarás tú de acuerdo como lo sientas. Es algo muy personal.

Otro ejercicio muy bonito y que se vuelve muy real, es mantener una conversación escrita en un papel y con dos bolígrafos de diferentes colores. Le haces una pregunta a tu niño interior eligiendo un color para tus preguntas y otro color para las respuestas que surjan de él. Las tuyas de adulto las escribes con la mano habitual y las respuesta del tu niño con la otra. Dejas fluir tanto las preguntas como las respuestas. Te aseguro que te vas asombrar de los resultados.

El último ejercicio que quiero compartir contigo es una conexión con tu niño interior mediante la visualización y meditación. Lee el ejercicio primero, busca una música de relajación a tu gusto, siéntate cómodamente, cierra los ojos, conéctate con tu corazón, que es allí donde te espera tu niño interior, y empecemos:

"Visualízate como niño pequeño de unos 4, 5 o 6 años, acércate a él, fíjate la ropa que lleva puesta y mira sus ojitos de sorpresa, de asombro y curiosidad o de tristeza pero alegrándose de este maravilloso encuentro.

Pídele perdón por haberlo descuidado por tanto tiempo o haberte olvidado de él, tú no sabías que él vivía aún dentro de ti. Tú ignorabas su existencia.

Pregúntale:

-¿Qué es lo que te gusta?

Y espera paciente su respuesta. Oye como su vocecita te responde muy dulcemente, y que sale de tu corazón.

-¿Qué es lo que te desagrada? Quiero saber más de ti y volver a ser ese que fui.

Y oye su respuesta.

-¿Qué es lo que te gustaba hacer que ya no hago en la actualidad? ¿Cómo te gustaba divertirte? Dímelo para que volvamos a ser alegres en la actualidad.

-¿Cuáles eran tus grandes sueños? ¿Qué querías ser cuando fueras grande?

-¿A qué le temes? Quiero aliviar tus miedos y brindarte

seguridad. -¿Cómo lo puedo hacer?

Espera su respuesta. Trátalo con mucho cariño, acarícialo y toca su carita. Sé muy dulce con él.

Dile que quieres aliviarlo de las culpas que pudo haber sentido. Dile que nunca hizo nada malo. Que estás ahí para apoyarlo, para acompañarlo siempre y no dejarlo sólo nunca más.

-¿Qué necesitas? ¿Cómo puedo ayudarte a sentirte seguro y amado?

Escucha su respuesta.

¿Cómo puedo hacerte feliz?

Dile que comprendes todas sus penas y pídele que las suelte, que deje atrás todo ese peso, todo ese dolor. Porque ya no está solo. Ahora tú estás con él.

Dile cuanto lo amas y acarícialo, abrázalo. Ya nunca más estarás sólo, nunca te dejaré.

Dale ese fuerte abrazo, dándotelo a ti mismo y sostenlo hasta que lo sientas.

Esta experiencia y meditación puedes repetirla las veces que desees, incluso obteniendo respuestas diferentes o haciendo preguntas que te sean necesarias, adáptalo siempre a ti y hazlo hasta que sientas que tu niño interior está feliz.

Mi deseo para ti

Deseo que todo este hermoso trabajo con tu niño interior te

abra los caminos necesarios para tu crecimiento y progreso constante.

En mi ha producido magia. He realizado los cuatro ejercicios que compartí contigo en distintos momentos de mi vida y todos han ayudado a liberar esa mochila que llevamos a cuestas llena de culpa, vergüenza, enojo, venganza y muchas emociones dañinas para nosotros mismos.

No dejes de ponerte en acción, de verdad que todo lo que aquí te expreso es para ti, para que te conviertas en tu propio héroe, tu salvador.

De nada sirve engañarte. Hazlo y verás los resultados magníficos que obtienes.

¡SIGUE, SIGUE, SIGUE QUE CADA DÍA ERES MEJOR QUE AYER!

Se viene otro capítulo totalmente relevante vamos por todo... sígueme y no te arrepentirás nunca...

Capítulo 2

¿CULPA, RESENTIMIENTO O RESPONSABILIDAD?

LA CULPA

¿Por qué hablar de culpa? Porque es una de los sentimientos que te generen limites, que te atascan en un punto y ese punto es el pasado.

El único momento que puedes manejar y controlar es el presente, por lo tanto vivir del pasado, de situaciones que sucedieron no te sirve más que de aprendizaje y evolución si eres consciente que todo lo sucedido tuvo ese fin.

Experimentamos la culpa de dos maneras:

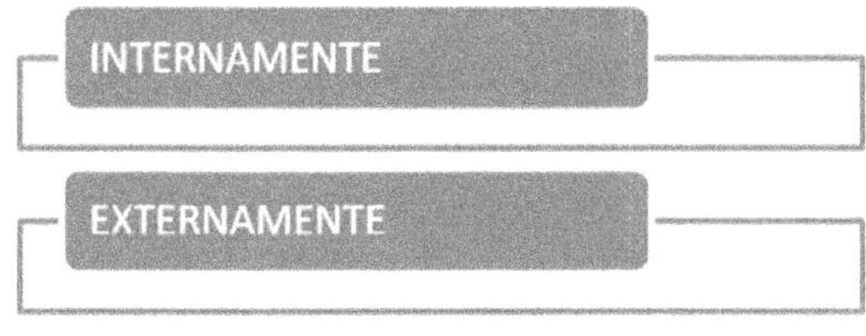

 **INTERNAMENTE**

Es la que tú mismo te generas por juzgar una situación que

ya sucedió en incongruencia entre lo que eres y lo que has hecho en ese instante.

Por ejemplo: si una persona es infiel constantemente, cuando lo hace no siente culpa. Pero si una persona es fiel y respeta a su pareja, y por x motivo, comete infidelidad, esa persona está actuando en incongruencia con lo que es y por ende comienza a sentirse culpable.

Hemos aprendido a juzgar constantemente lo que está bien y lo que está mal. Pero, ¿para quién? Porque seamos realistas, lo bueno y lo malo es algo subjetivo, lo que está mal para mi puede estar bien para otro. Entonces la culpa surge de tus propios sentimientos, emociones, creencias, pensamientos, etc.

Expresas tu propio juicio sobre una situación determinada. Ese juicio es subjetivo sobre la realidad, es tu opinión. Entonces lo sucedido está bien si entra en coherencia con lo que tú eres, si estás de acuerdo lo legitimas, lo aceptas y si no es así lo condenas, lo niegas.

Lo que muchas veces sucede cuando te sientes culpable, cuando te haces cargo de tu error, de que te has equivocado, es que la sociedad, el entorno, te lo muestra y tú comienzas a sentirte fatal.

Nos enseñan que debemos ser personas perfectas, que no debemos equivocarnos. En el colegio lo vemos mediante las notas en las evaluaciones o las suspensiones recibidas cuando un alumno comete un error. En el trabajo lo vemos cuando el jefe nos reprende o nos suspende y descuenta dinero de nuestro sueldo. Y así, hay miles de situaciones diarias, donde se nos exige perfección. Pero sabemos que el ser humano no es perfecto, por el contrario estás aquí para aprender, para cometer errores, perder y tener fracasos justamente con la finalidad de aprender y evolucionar. Esto es estar muy marcado por el deber ser, en el "yo debo" y no en el ser, en el "yo quiero", "yo puedo".

La culpa interna se genera por no conectarte con el presente, por estar siempre en el pasado pensando lo que pudo haber sido, o como hubiese resultado si todo sucedía de manera diferente, si hubieses hecho las cosas de otra manera. De esta forma le das vueltas y vueltas a algo que ya pasó. A un instante que ya no puedes regresar.

Y piénsalo bien, si pudieras regresar no solucionarías absolutamente nada, porque volverías a repetir la historia tan cual. De la única manera que podrías cambiarlo es regresando pero con las habilidades, recursos y consciencia que tienes actualmente, sabiendo hoy como reaccionarias o actuarias en esa circunstancia. Pero seamos honestos, eso no está dentro de nuestras capacidades. Así que debes ser realista y darte cuenta que nada puedes lograr con mantener la culpa viva.

Si haces lo que puedes en la vida, con el mayor esfuerzo, de la mejor forma que sabes, con los recursos que tienes disponible en ese momento y los resultados no son los que deseabas, comienza a vislumbrarse la culpa.

Si pudiste ver un error en ti, lo aceptas y pides perdón, la culpa no tiene ningún sentido. Por el contrario, la culpa sostenida en el tiempo, genera tristeza, desvalorización, depresión, enfermedad, angustia, problemas de sueño, etc.

No te castigues por ese error cometido en el pasado. El hecho de que te culpes y te castigues no va a cambiar nada. No permitas que te digan que eres culpable de algo o te convenzan de eso. No te lo mereces. Cada uno hace lo que puede en el momento, de la mejor manera posible, con el aprendizaje y los recursos disponibles en ese momento y motivado por algo que sólo en ese instante estuvo presente. No lo puedes cambiar ahora.

Así que es importante que lo **aceptes**, que aceptes el error, lo que sucedió. Para que determinada situación sucediera hubo primero una causa que produjo ese efecto. Una motivación que te llevo a realizarla. Por ese mismo tema, no puedes estar pensando constantemente como hubiese sido si…

Todo es perfecto para cada momento. No tienes que juzgar el momento, ni tampoco justificarlo, solo aceptar que así sucedieron las cosas y no había otra manera.

Construye a partir de esa experiencia. No te quedes ahí paralizado, colgado de la culpa, entrando en un espiral que te hunde cada vez más. Tienes un resultado del cual debes aprender. Fíjate bien que puedes hacer con él, que te ha enseñado, que puedes enseñar a los demás.

Puedes utilizarlo para crear, para inspirar a otros, para comenzar algo bueno a partir de ese momento.

Tu pasado no determina quién eres, ni quien vas a ser.

Puedes construir una mejor vida a partir de ciertos errores o fracasos. Todo depende de ti, de que veas las equivocaciones como un impulso a cambiar lo que no te lleva por el camino que deseas. Como un puente para construir una mejor versión de ti. No te quedes en juzgarte y culparte, solo te haces daño a ti mismo, mientras la vida y los demás continúan. Sigue avanzando tú también.

A todas estas situaciones debes verle el lado positivo.

Un buen ejercicio es analizar si diste lo mejor que podías, reconocerlo, perdonarte o pedir perdón en caso que sea necesario, y aprender de esa circunstancia para avanzar, para evolucionar como ser humano. Ver el momento presente totalmente agradecido del aprendizaje recibido.

> # "PERDÓNATE POR NO SABER LO QUE NO
> # SABÍAS ANTES DE APRENDERLO"

 **EXTERNAMENTE**

Sucede cuando culpas a los demás de todo lo que te sucede y no te responsabilizas de tus actos. Siempre el culpable está fuera de ti. Es otra persona o la circunstancia.

Tiene que ver con el estado de victimismo y con la arrogancia del ego. De sentirte el centro de todo.

En la sociedad hay culpables o inocentes. No puede haber una corresponsabilidad, siempre uno es más culpable que el otro. Y tú de acuerdo a tu percepción, a tus creencias, a lo que valoras como bueno o malo, juzgas cada situación que te sucede y juzgas la de los demás.

Nos criamos de esta manera, por la sociedad, por nuestros padres que desde niños, por ejemplo, cuando nos golpeamos o nos caemos nos enseñan a echarle la culpa al objeto que provocó la caída y no hacernos responsables de la misma.

Entonces vas por la vida sin reconocer que te has equivocado, que eres imperfecto, que cada vez que la vida te duele es culpa de algo o de alguien que esta fuera de ti. De esta forma te alivias, pero no creces, no evolucionas. Porque si no aprendes a ver tus errores y ver el aprendizaje que te dejan, la vida volverá a repetírtelo un y mil veces hasta que lo aprendas. Y si no lo haces nunca, pasarás por esta vida recibiendo golpes tras golpes y te aseguro que serán cada vez más fuertes.

Te comparto un ejemplo: te quejas de tu jefe, de tu trabajo, de la empresa en donde estás, pero no frenas a reflexionar que estás ahí porque tú así lo has decidido. Nadie te obligó y puedes tomar otro camino si deseas. Pero prefieres seguir tirando culpas hacia afuera de todo lo que te sucede en la vida.

Hay una creencia muy limitante que mantiene la culpa siempre a flote: **"los demás me hacen sufrir"**. Siempre enojado y molesto porque la realidad no es la que tu quieres vivir.

Y entonces:

- Si tu pareja te deja le echas la culpa de tu sufrimiento. Y no te das cuenta que el aprendizaje es ver tu dependencia emocional o colocar en el otro determinadas expectativas que no cumplió.

- También sucede que mantienes unida una relación que ya no funciona, porque así como te hacen sufrir a ti, tú haces sufrir al otro. Entonces la culpa es recíproca, y de esta manera haces sentir culpable al otro y te sientes culpable tú mismo.

- Te enojas porque tu cuerpo te muestra signos de molestias y enfermedad, y le echas la culpa a la dieta que no funciona, o al tiempo que no te ayuda, pero tu dejas la dieta cada dos por tres o no te cuidas del frío y te enfermas.

Estar buscando culpables externos constantemente solo te convierte en una persona conflictiva, que no disfruta de la vida, que cultiva enemigos, personas a la que comienzas a guardarles rencor. Y eso sólo te provoca daño a ti mismo. La otra persona tal vez ni se entera, sigue con su vida y el único que queda atrapado en esa situación totalmente negativa eres tú.

Debes entender que esas personas que aparecen en tu vida de esta manera, te están reflejando tu oscuridad, tu sombra para que la hagas consciente. Si no te haces consciente de tus carencias, tus dramas, tus creencias limitantes, etc., no estarás avanzando, ni creciendo. La vida te las coloca frente a ti justamente para que veas aquello que tienes que sacar a la luz, lo que debes aprender y trascender.

En conclusión

La culpa aparece cuando surge una decepción tanto sobre ti mismo o sobre los demás. Cuando las expectativas que tienes no son cumplidas.

Aparece porque haces un juicio de la situación. Entonces según lo ves bien o mal, determinas la culpabilidad. Te enojas, te enfadas y se produce rencor sobre ti mismo, la situación o persona. Cuando haces esto y no lo olvidas sigue creciendo dentro de ti. Te centras en el fallo y no ves la oportunidad de la enseñanza que te deja esa experiencia.

¿Cómo reviertes todo esto?

Existen ciertas verdades que te ayudarán a liberarte de la palabra "culpa".

- La realidad es neutra, es objetiva. Sólo que tú le das una interpretación según tus pensamientos, programas, creencias, experiencias y todo lo que forma parte de ti. La realidad la vez en forma subjetiva, con tu propia percepción. De la manera en que miras e interpretas la realidad vas a crear una reacción emocional. Tú le das valor a esa realidad, tú la defines como buena o mala. Una persona ante la misma situación y observando lo mismo que tú, puede juzgarla de manera totalmente diferente.

  Por eso hay cada vez más personas despertando al autoconocimiento, porque se dan cuenta que lo que tienen que cambiar no está afuera, sino dentro.

- Cada persona lo hace lo mejor que sabe en base al condicionamiento adquirido hasta el momento. En vez de centrarte en la culpa te centras en la comprensión, en la compasión. Cuando entiendes esto no hay mas culpas, ni culpables.

  Lo que haces a los demás en realidad te lo haces a ti mismo. Recuerda que el otro es solo un reflejo y lo que das lo recibes.

  Todos tienen derecho a cometer errores. Lo ideal es analizar esos errores y aprender de ellos, crecer, evolucionar; no condenar y juzgar. Hay que comprender o entender por qué pudo haber pasado, que hay detrás de toda la situación.

  Piensa por un momento, si no hay error, ¿cómo se aprende entonces? Muchas personas no se atreven hacer cosas por miedo a equivocarse, a fracasar y se quedan siempre en donde están sin avanzar en la vida.

  Tú no eres así, y menos después de todo lo que estás incorporando. Tu creces, aprendes, te haces consciente y avanzas. No te quedas quieto, actúas para mejorar cada día de tu vida.

- Todas las personas y situaciones de tu vida están ahí para que aprendas. No para dañarte emocionalmente, sino para que aprendas algo. Traen lecciones para ti, debes comenzar a verlas, a ser consciente de ellas. Sin tu consentimiento nadie te hará daño, por lo tanto, cuando lo ves de esta perspectiva y analizas que aprendizaje trajo consigo tal circunstancia, tienes el poder y estás totalmente fuerte para que nada de ello te afecte en forma negativa.

Tú manejas y controlas como vives e interpretas cada situación de tu vida para no sentirte afectado.

- La injusticia no existe. No hay un ha sido justo o injusto. Ya que ello depende de la percepción de cada uno. Tú ves las cosas de la manera que a ti te afectan.

En vez de pensar en esas palabras hay que pensar en correspondencia. Cada uno vive lo que tiene que vivir. Las experiencias te llegan porque tú las atraes por vibración, por causalidad, por sincronicidad, generando tu propio karma. Viviendo todas aquellas experiencias de las cuales tienes que aprender.

Ya sabes que el Universo es inteligencia pura y pondrá delante de ti lo que corresponda para tú crecimiento interior, sólo debes confiar en que lo que te toca es lo que realmente necesitas para evolucionar. Por lo tanto deja de pensar que la vida es injusta. Debes ser humilde, aprender y agradecer por ello.

Te despierta el calor del sol en la cara. Es un día maravilloso.

Mientras abres tus ojos y escuchas el sonido de la vegetación bailando junto a la brisa que el entorno ofrece y el canto de aves que jamás habías escuchado, sientes una sensación de angustia que te oprime el pecho.

Piensas cómo es posible que en ese panorama tan bello, tan soñado, tú te sientas así. Y la respuesta llega de forma inmediata. Tuviste un sueño que se revive totalmente en este instante, pero no es algo ficticio, sino un recuerdo sobre lo que te impulsó a emprender este viaje solitario.

Recuerdas que tu vida era un desastre, gracias a tomar decisiones malas unas tras otras. Que buscabas no parecerte en nada a tu papá y emprendías caminos equivocados solo para evitar ser como él. Recuerdas que las exigencias y expectativas que depositaban sobre ti no eran las mismas que las tuyas. Que tus sueños eran totalmente diferentes a los de tus padres. Y en esa rebeldía que fuiste adquiriendo se sucedían en forma constante discusiones familiares, en donde mutuamente se tiraban culpas unos a otros sin llegar a nada positivo, a nada constructivo.

Recuerdas las veces que te fuiste de tu casa, queriendo alejarte a mayor distancia posible, como si eso hiciera posible la cura de tus heridas internas.

Una de esa tantas veces, sucedió lo que no esperabas. Tu mamá sufrió un problema de salud y fue hospitalizada, producto de esas situaciones que se generaban en la familia, y que ya no toleró más.

Que culpable te sentiste y cuanta culpa depositabas sobre tu papá.

Pero ahora, a lo lejos, te quedas pensando lo tontos que fueron. Como te hubiese encantado pensar en esos instantes de la manera en que lo haces ahora.

Cuántos episodios de dolor se hubiesen evitado. Sin embargo, descubres que gracias a ellos tú te hiciste fuerte, pero no tan fuerte como lo eres ahora que sabes y estás conociendo la verdad.

En esos momentos pasados nunca pediste

perdón por nada. Tu orgullo y tu ego eran más potentes que cualquier cosa. Era lo único que tenías y nadie te podía arrebatar.

Pero ahora entiendes, que culpar al otro por todo lo vivido solo te hizo daño a ti.

Y este viaje que emprendiste surgió de la misma manera de siempre, con discusiones, tirando culpas, enojos y palabras dañinas que no terminan siendo reales.

Decidiste alejarte lo más lejos que podías, más lejos que antes. Tomaste tu barco, algunas cosas necesarias y comenzaste esta odisea. Que aunque no te guste ahora la manera en que se inició, acabas de reconocer que fue lo mejor que hiciste hasta el momento, porque se abrieron caminos llenos de sabiduría interior. Ahora sientes que lo que más deseas después de todo este camino es regresar a casa y abrazar a tus seres queridos, reconociendo que ellos hicieron siempre todo lo que estuvo a su alcance, con la consciencia que tenían en ese momento, pero lo más importante, es *que te aman y tú los amas a ellos.*

Te imaginas el abrazo que les vas a entregar, las palabras amorosas que les vas a decir y la angustia se desvanece. Una energía poderosa invade tu cuerpo, recoges tus objetos personales y te pones en marcha al encuentro de lo nuevo que te depara.

> **"CUANDO TRASCIENDES LA CULPA EL PERDÓN YA NO TIENE PROTAGONISMO".**

Debes eliminar la palabra "culpa" de tu vocabulario. Cuando estás en una situación que te disgusta debes preguntarte cuál es tu parte de responsabilidad en ello.

Otra forma de que la culpa deje de existir es perdonándote a ti mismo y al otro o pidiéndole perdón en el caso que sea necesario. De esa manera la culpa se esfuma.

RESENTIMIENTO

Es el **sentimiento de decepción** que desarrollas hacia una persona o situación cuando no se comporta o el resultado no coincide con lo que esperabas.

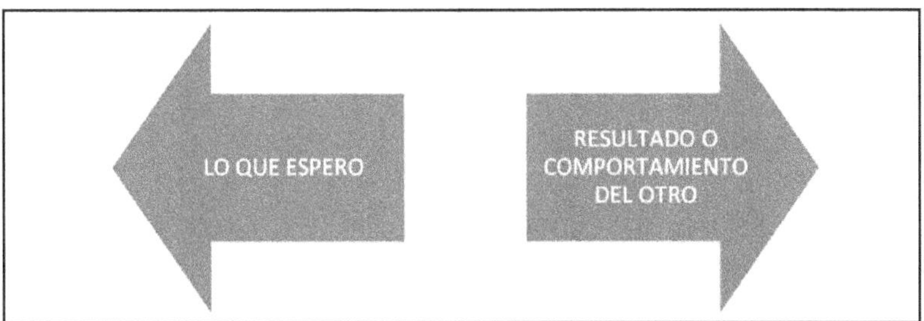

La decepción que se produce en el momento se alimenta y prolonga en el tiempo gracias al discurso interno, concluyendo en lo que se denomina **resentimiento**.

Cómo sabrás, porque todos experimentamos este tipo de sentimientos, el mismo puede ir en aumento, provocando que anide dentro de ti el suficiente tiempo para producirte daño. No es uno de esos sentimientos positivos, más bien todo lo contrario. Y al descubrirlo lo que queda es resolverlo, desterrarlo, acabar con él.

Generalmente se hace presente ante situaciones de:

- Mentiras
- Infidelidad
- Abusos
- Agresión física o verbal
- Falta de respeto
- Situaciones desfavorables frente a otras personas.
- Etc.

Surgen a partir de circunstancias negativas y generan lo mismo en ti. Se convierte en una situación totalmente dañina para ti. Porque te adueñas de ellas, las mantienes guardadas en tu interior haciéndolas crecer.

¿Qué sucede cuando este sentimiento comienza a manifestarse en ti?

Se inicia con la decepción, pero si la misma se reitera o se retroalimenta con tus pensamientos sobre el tema, constantemente, comienza a enraizarse en tu interior llevándote a sentimientos más potentes y de mayor grado de afección.

Por ejemplo: si descubres una mentira de alguien a quien amas mucho, tienes que afrontarla lo antes posible, sin dejar que pase el tiempo y crezcan tus dudas. Porque sino la decepción que sientes al principio se puede reproducir incrementando su grado hasta convertirse en rencor. Y de esa manera no podrás mantener una relación sana con esa persona. No sirve de nada dejar pasar las decepciones que sientes, debes comunicarte con la persona, hablarlo sanamente, desde el amor y obtener una respuesta del otro lado que corte en forma rápida aquello que puede desarrollarse y crecer velozmente si miras para otro lado o lo ocultas.

Grados de resentimiento

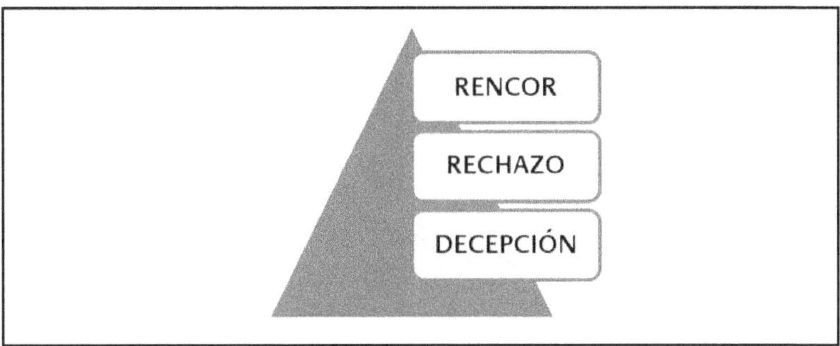

Como puedes ver en el gráfico, mientras más tiempo pase sin abarcar el tema y resolverlo, más potente se vuelve, y se convierte en sentimientos más difíciles y con mayor trabajo de tu parte para eliminarlo.

A mayor grado de resentimiento mayor es la energía que consumes y te desgastas. Toda esa energía que destinas en este tipo de situaciones negativas podrías depositarlas en los aprendizajes y pensamiento positivos que te hacen crecer exponencialmente.

Es relevante que detengas ese crecimiento lo antes posible por ti y para ti principalmente. Uno tiene la creencia que el mayor daño se lo realiza al otro cuando reacciona, pero la verdad es que te lo haces a ti mismo.

No sirve de nada centrarte en el otro o en la circunstancia sucedida, eso no va a cambiar y no vas a lograr tú cambiar a nadie, ni nada que ya quedó en tiempo pasado.

Lo único que está en tus manos y cuentas con ese poder, es de manejar tus procesos internos. Debes ser inteligente para cuidarte y ser responsable de lo que generas en ti, con la única intención de frenar toda esta bola de nieve de emociones y sentimientos que se hacen cada vez más grandes, y por lo tanto, más difícil de deshacer en el futuro.

Siempre que te hablo de ser consciente constantemente, me refiero a serlo en relación con todo lo que sucede en tu vida. Desde hechos como éstos que antes analizabas solo observando lo exterior, hasta observarte a ti, que es lo que te provoca, que sientes, que piensas, como reaccionas y cambiarlo a tu favor. Como te repito muchas veces es tu responsabilidad, nadie lo puede hacer por ti.

Elimina el resentimiento

Todo trabajo interno y de limpieza implica un proceso. Nada sucede de la noche a la mañana, pero vamos a convenir que el proceso siempre termina siendo menor a los resultados que obtienes cuando lo logras.

Pensar en la palabra proceso te puede generar una negatividad con respecto a que lleva tiempo, que hay que prestarle atención y dedicarte a ello con paciencia. Tiene que existir un compromiso de tu parte, pero siempre será a beneficio tuyo; y te aseguro que, en estos casos, los resultados son increíbles.

Una vez que lo logras quieres compartirlo con todo tu entorno, con las personas que amas para que obtengan los mismos resultados que tú: llevar una vida más plena, de disfrute y progreso continuo.

Este proceso consta de varios pasos:

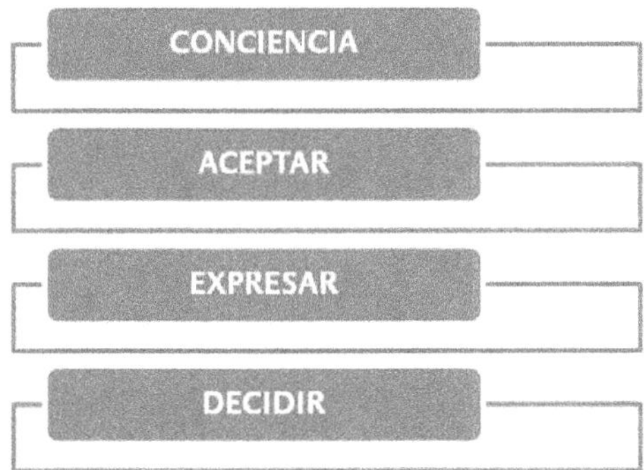

Conciencia: es el primer paso y básico en todo lo que tengas que reconocer y darte cuenta en la vida. En este caso es darte cuenta, detenerte y observar que estás experimentando el resentimiento.

Te separas por un instante de la emoción e identificas la causa que lo provocó.

Aceptar: este segundo paso te lleva a la comprensión, a entender que es lo que llevó a la otra persona a hacer lo que te ha decepcionado, sin justificar, sino comprendiendo las razones. Pueden ser falta de educación, falta de empatía, su pasado o creencias, etc. Comprender, para luego aceptar, te ayudará a minimizar el grado de resentimiento.

Entonces aceptas que la persona o la situación ha sucedido del modo que lo viviste y que ya no lo puedes cambiar. Ya está hecho es un momento del pasado. Así que sólo puedes actuar en el ahora con los recursos que tienes disponibles en el presente, que por cierto en los libros hay muchos y todos a tu favor, pero hay que aprender a utilizarlos.

Una vez aceptas, comprendes la situación y a la otra persona, te queda perdonar con total sinceridad, porque si no es de esa manera, no sirve de nada, estarías engañando al otro, engañándote a ti y. por ende, el resentimiento seguiría creciendo. Matarías la bendición de mantener una relación sana contigo y tu entorno, particularmente con la persona que provocó tu decepción.

Expresar: para resolver el resentimiento que se ha iniciado en ti, puedes expresarle a la persona como te sientes y como esperabas que actuara.

Si la persona está abierta a escucharte y mantener una conversación sana contigo le puedes pedir que haga algo para subsanar esa situación. Puede disculparse, contarte lo que le sucedió en ese instante y porque su respuesta o actitud hacia ti, pedirte perdón, etc.

Pero, si la persona en cuestión no está abierta a escucharte puedes hacerlo tú solo expresando lo que le dirías sinceramente si lo tuvieras frente a ti.

Decidir: debes elegir o decidir qué relación vas a sostener con esa persona, independientemente de cuál fue su respuesta, si es que tuviste la posibilidad de comunicarte con ella. Siempre toma la decisión en busca de tu sanación y en coherencia total contigo.

Si la decisión que tomas no se encuentra en coherencia con lo que piensas y sientes realmente, lo que digas con palabras no se cumplirá. Tienes que ser realmente honesto con lo que decides para contigo y la otra persona. Es la única manera de resolver el resentimiento y disolverlo definitivamente.

En conclusión: el proceso definido de esta manera es para presentártelo de forma clara y que puedas reconocer cada paso para simplificarlo y llevarlo a la acción.

Queda claro que el resentimiento es un sentimiento muy nocivo, sólo para el que lo experimenta. La otra persona ni se entera que te ha decepcionado si no se lo expresas y tal vez no tiene la más mínima idea por lo que estás pasando. Incluso si no lo comunicas y escuchas al otro, puede suceder que se repita una y otra vez sin intención de producirte daño, sino porque no considera que te esté conduciendo a tal sentimiento.

Así que enfréntate a la situación ante el primer síntoma y no lo dejes crecer. Arráncalo de raíz apenas esa semilla comience a instalarse y no cuando ya creció demasiado y se encuentra fuertemente arraigada y convertida en un árbol gigante.

RESPONSABILIDAD

Llegaste a la parte que más me gusta de este capítulo.

¿Por qué? Porque si te fijas en el título los dos primeros sentimientos surgen del estado de victimismo, ese del que deseamos alejarnos definitivamente todos y que cuesta mucho por haber permanecido allí la mayor parte de nuestras vidas. Obvio, que me incluyo como una de las primeras en la fila, porque demasiado tiempo he desperdiciado allí, y me tomó otro tiempo más el hecho de detectarlo cada vez que me veía inmerso en ese estado y por tal motivo deseo compartirlo contigo. Cuando sales de ese estado todo comienza a mejorar, a transformarse. Tú te transformas, y por ende, todo lo que ves también lo hace.

La responsabilidad es la manera de cortar con ese estado, reconocer lo que tú mismo creaste y aceptar que sólo tú puedes cambiarlo.

El origen de la palabra procede del término latín "responsum", que significa que alguien está apto para comprometerse en cuanto a sus obligaciones.

El término responsabilidad hace referencia a una cualidad de las personas para actuar juiciosamente y cumplir con los deberes que le corresponden. Implica considerar las posibles consecuencias de las acciones llevadas a cabo.

O sea que recae todo el valor en el estado de consciencia de tus propios actos. También la habilidad de medir las consecuencias de los mismos y de reparar los errores que pudiste haber cometido.

Seguramente esta palabra la llevas contigo desde pequeño. Cuando empiezas a obedecer o no a tus padres, si desafías o no a la autoridad. En la niñez la respuesta a ser responsable era hacer las cosas bien, hacer los deberes, obedecer a los padres, etc. Pero ya adultos engloba mucho más que ello.

Convertirte en una persona responsable significa ser capaz de tomar decisiones conscientemente, llevar a cabo conductas que persigan mejorarte a ti mismo y ayudar a los demás. Y sobre todo, aceptar las consecuencias de tus actos, de tus propias decisiones.

Justamente por esto es que está tan alejado de los sentimientos que se generan en la culpa y resentimiento hacia los demás ubicándote en el puesto de víctima.

Desligar sobre los demás aquello que pertenece a tú responsabilidad es no hacerte cargo, ni estar comprometido contigo mismo. De esta manera no se avanza. De esta manera vives cada vez peor.

Entonces, ¿Para qué sirve ser responsable?

Todo lo que surge de ser responsable es totalmente positivo, es de crecimiento, pero para valorarlo debe existir una motivación y buena predisposición.

¿Qué es más importante que crecer internamente, como persona, evolucionar y mejorar en todas las áreas de tu vida? Creo que eso es suficiente motivación para que comiences ahora mismo.

Algunas pautas que pueden ayudarte a comenzar:

- **Planifica**: es importante que lo hagas tenga una meta,

una dirección. Ponte objetivos y ve avanzando sobre ellos. Lo ideal es que lo lleves por escrito para clarificar los cumplimientos y los incumplimientos. Para realmente ver los resultados reales de tu responsabilidad y compromiso.

- **Se objetivo**: realmente plantéate objetivos y metas de aquello que sabes que puedes controlar y que dependen exclusivamente de ti. Debes colocar tu atención en ello.

- **Hábitos**: es vital que se generen hábitos positivos en torno a tu rutina. Una buena organización te ayudará con eso, y cada vez que se vuelva más liviano y manejable puedes ir agregando alguna actividad o meta más importante.

- **Recompénsate:** cada vez que logres un objetivo, meta o veas que estableces una rutina que te lleva a crecer en responsabilidad, que realmente estás comprometido con tu cambio, regálate un momento, o disfruta de algo que te guste. Eso te dará mayor seguridad y generará más motivación en ti para seguir progresando.

- **Honestidad:** se sincero contigo y si no has cumplido con lo pactado, dite cual fue el motivo y cómo puedes mejorar para no volver a fallar.

Es como un entrenamiento, y si te mientes a ti mismo, todos estos pasos no sirven de nada. Recuerda que estás haciendo todo esto por ti, nadie te va a juzgar, y tú tampoco deberías hacerlo. Cuando no sucede lo esperado sólo analizas porque e intentas mejorar para la próxima. Eso te ayudará a ser tu mejor versión cada día un poco más.

- **Comparte:** cuando le cuentas a alguien sobre tus planes produce más fuerza y más intención en ti para cumplirlos. Ya no tienes solo tu mirada sobre ello, sino que también compartes esa mirada con alguien de tu entorno que desea que llegues a los resultados que pretendes. Eso sin dudas sirve para impulsarte también. Muchas veces tenemos a alguna persona a nuestro lado, que amamos y que cumple la función de incentivarnos. Son los ¡Por qué!, como por ejemplo los hijos, una pareja, los padres, etc., por lo que queremos lograr ser mejores y ser un ejemplo a seguir.

La responsabilidad no debe generarte culpa si no consigues realizar algo de lo planificado o no llegas a tu objetivo en el tiempo indicado. Sirve para que te comprometas contigo mismo, analices que te lleva a lo que deseas, que no te lleva por el camino que corresponde y lograr cambiarlo.

Ya hablamos de la culpa y no es un sentimiento positivo, así que te recomiendo que no la enredes con hacerte responsable. Una fortalece y la otra debilita, sé que vas a elegir la que más te beneficia.

Vamos a ver **un ejemplo** que diferencia la responsabilidad de la culpa:

Recibes un mensaje de tu jefe con indicaciones de un

presupuesto a preparar para un cliente que va a pasar por la oficina a determinada hora a retirarlo.

Estás camino a la oficina y una vez allí cuando te dispones a preparar el pedido de tu jefe para el cliente, llega otro cliente de igual magnitud a consultarte por ciertos productos de la empresa, te distrae y tu tiempo se acaba. Pero no puedes deshacerte de uno para atender al otro.

Así que el cliente al que le debías preparar el presupuesto no cuenta con tiempo para esperarte, le explicas la situación y se marcha enojado sin lo que vino a buscar.

Cuando tu jefe se entera de la situación te hace culpable de lo sucedido porque era tu responsabilidad. A lo que tu alegas que eso estabas haciendo hasta que el otro cliente irrumpió en la oficina y no te permitió continuar porque también le debías tu atención.

En definitiva, tu intención fue buena, actuaste con responsabilidad, pero factores no esperados y externos a ti te impidieron concretar el pedido de tu jefe y la respuesta al cliente.

Entonces, tu responsabilidad estuvo presente. Y la culpa no es tuya, sino de la circunstancias sucedidas y si el cliente que paso a retirar el presupuesto se fue enojado termina siendo problema de sus emociones. Tú le explicaste y le pediste que te espere y él decidió irse sin ese presupuesto.

La culpa lleva componentes implícitos que no te ayudan para nada. No es lo mismo ser responsable de una decisión, que ser culpable de la misma.

A veces te responsabilizas de cosas que no puedes controlar, como en el ejemplo anterior, que no puedes cambiar en el momento porque son externas a ti. Pero esos eventos momentáneos nunca deben disparar la culpa, ni frustrarte. Tú sabes lo que depende exclusivamente de ti y lo que puedes manejar de lo que no. La responsabilidad radica en ello.

Aquí la queja, la culpa, el resentimiento no tienen espacio. Te haces responsable de ti y de tus propios actos. De esa forma vas construyendo tu camino aprendiendo de faltas o errores que sólo sirven para mejorarte, no para desvalorizarte. De eso se trata el compromiso contigo mismo.

¿Quieres algo?, pues debes ser responsable, medir los actos, las consecuencias, comprometerte e ir por ello.

Cuántas personas siguen presas de la culpa y el rencor, por no querer pasar por el proceso de aprendizaje y consciencia.

Pero tú no eres así. Tú estás aquí porque quieres superarte y compartir con tus seres queridos todos estos aprendizajes. Has decidido trabajar en ello. Y yo no tengo ninguna duda que lo lograrás, así que te pido que tú tampoco la tengas.

¡Confía en ti. Eres la única persona que puede hacer tu cambio. Decídelo ahora y actúa!

**DEBES ELIMINAR LA PALABRA
Y ACTITUD DE "CULPA"**

**Y COMENZAR A UTILIZAR LA PALABRA
Y ACTITUD DE "RESPONSABILIDAD"**

Capítulo 3

¿TE PERDONAS, ME PERDONAS, LO PERDONAS?

EL PERDÓN

Técnicamente, "Perdonar consiste en un cambio de conducta destructiva involuntaria dirigidas contra el que ha hecho el daño, por conductas constructivas".

Por lo tanto, para perdonar es preciso comprometerte, por tú propio interés, con el pensamiento de querer lo mejor para esa persona. Si ese proceso de perdón lo haces adecuadamente, se modificarán los sentimientos hacia la persona que te ha ofendido.

Vamos hacerlo figurativo para comprender un poco más.

"cuando alguien te hace daño es como si te mordiera una serpiente. Cuando te deja de morder la herida queda y lleva un tiempo cicatrizarla. Pero el problema aparece cuando la serpiente que te muerde es venenosa, porque aunque deje de morderte la herida cierra y su veneno corre dentro de ti".

¿Y cuáles son esos venenos?

La venganza, el ojo por ojo - diente por diente, el rencor, la rabia, el buscar justicia y reparación por encima de todo.

Ese veneno puede estar actuando por mucho tiempo, incluso años, la herida no cierra, el dolor no cesa y tu vida pierde fuerza, energía y alegría por estar centrada en ese daño recibido o causado.

Sacar ese veneno de ti, implica dejar de pensar o de actuar en venganza, dejando de esa forma las conductas destructivas hacia el otro y hacia ti también. Cuando te centras en ello, no permites que la herida se cierre, revives el dolor y no te permites enfocarte en otros objetivos, proyectos y sueños en tu vida que te permiten avanzar.

El perdón no es un acto único que se hace en un momento dado, es un proceso continuo que se puede ir profundizando y completando a lo largo del tiempo.

El perdón no incluye obligatoriamente una reconciliación con la otra parte. Perdonar o pedir perdón son opciones personales que no necesita de la colaboración de la otra persona. Siempre queda a criterio de cada uno. Si tú sientes que lo adecuado es con la persona frente a ti, así deberás realizarlo. Pero si no cuentas con la persona en estos momentos, puedes hablarle al espejo imaginando que estas frente a esa persona, puedes escribirle una carta y enviársela, guardarla o romperla después de la descarga emocional. Tú puedes encontrar la manera más adecuada para ti. La idea, el fin es sanarte. El medio por el cual lo realizas es totalmente personal.

El proceso del perdón

Es un proceso que lleva su tiempo, así como tuvo su estadía dentro de ti, ahora toca sacarlo afuera, limpiarte y sanarte. Y todo esto lleva también su tiempo.

Reconocimiento: al inicio analizas y reconoces lo ocurrido, que fue lo que sentiste, de qué manera te produjo daño. Comienzas a mirar la situación de manera objetiva, tratando de comprender las motivaciones del hecho, las circunstancias, el momento en que sucedió. Te conectas con la empatía para así poder reconocer todo el entorno y la mentalidad de ese instante.

Elegir: decides, eliges perdonar. Tiene que surgir de tu interior. No sirve si realmente no lo sientes. Debes tener esas ganas de curar la herida, de sanar. De saber que lo que hagas tiene una retribución hacia ti mismo. Si no lo realizas conscientemente, no servirá de mucho. Creerás que perdonaste, pero al tiempo te darás cuenta que sólo la aliviaste y en algún momento vuelve a mostrarse.

Aceptar el dolor: debes aceptar que llevas ese dolor, ese sufrimiento encima. Tener sentimientos de rabia, enojo, tristeza, ira, o cualquier sentimiento que despiertes al recordar el daño, es normal. Debes abrazarlo, aceptarlo y de esa manera ayudar a eliminar ese dolor y lograr el perdón de una manera más fluída.

Expresar el perdón: el mismo se puede realizar de la manera que tú sientas que es posible y necesario para sanar. A veces encontrarte con la persona a la cual perdonar o pedirle perdón no es adecuado si sabes que su reacción puede herirte aún más. Si por el contrario eso limpiara heridas en ambos y los ayudará a estar más unidos, bienvenido sea. Pero si no es así, puedes escribir tu descargo en un papel. Puedes hablar con el espejo simulando que el reflejo es la otra persona. Existen muchas opciones, la forma es subjetiva. Tú eliges de qué manera lo expresas. La cuestión radica en realmente sentirlo al hacerlo. Conseguir ese alivio, esa libertad que te brinda el liberarte del rencor.

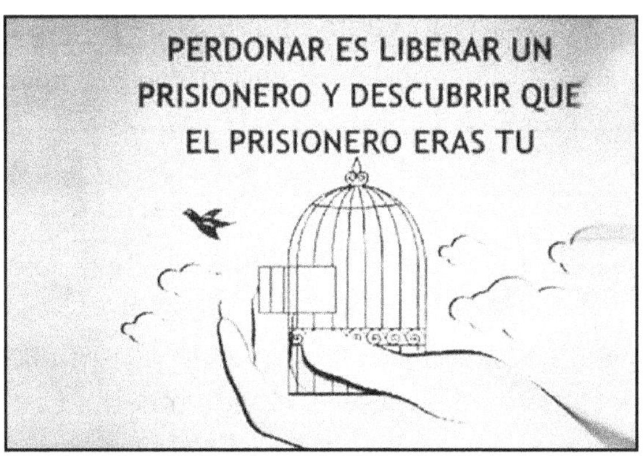

El perdón desde el amor resuelve todo. Perdonarnos y perdonar a los demás nos libera del pasado.

Es simple darte cuenta que todavía hay cosas que perdonar. Cuando estás atascado y no avanzas, no fluyes con la vida, significa que estas aferrado a algo del pasado.

Cuando perdonas tienes que darte cuenta que la creaste tú mismo para ti. Tienes que hacerte adulto emocional y responsabilizarte de lo que ves lo afectas tu. No ves las cosas como son, sino como tú eres.

Esa situación que tienes que perdonar está ahí para ti, la generaste tú, para trascender. Las situaciones buenas las creaste tú y las malas también, sobre todo las que te duelen y pesan, porque son las que te despiertan.

Y piensas: pero si yo nunca hubiese deseado que mi pareja me traicione. Nunca hubiese querido tener esta enfermedad. Jamás desearía haberme quedado sin trabajo, etc.

No tiene que ver con la parte consciente tuya, sino con la inconsciente.

Tienes que rendirte ante esas situaciones y dejar de buscar justificaciones o motivos para o porque aquel me hizo tal cosa, entonces es mala persona, etc... basta de estar en el papel de víctima y entra en el de creador.

Desde tu consciencia salen tus decisiones constantemente. Tienes ese poder que nadie te puede quitar. Decides, siempre decides. **Decides SER** en esa situación particular, ante la enfermedad, la muerte, el divorcio, la infidelidad, etc. Cualquier situación que experimentas en tu vida te pone frente a esa decisión totalmente relevante. Quien eliges Ser ante esas circunstancias.

Hay dos opciones ante ello:

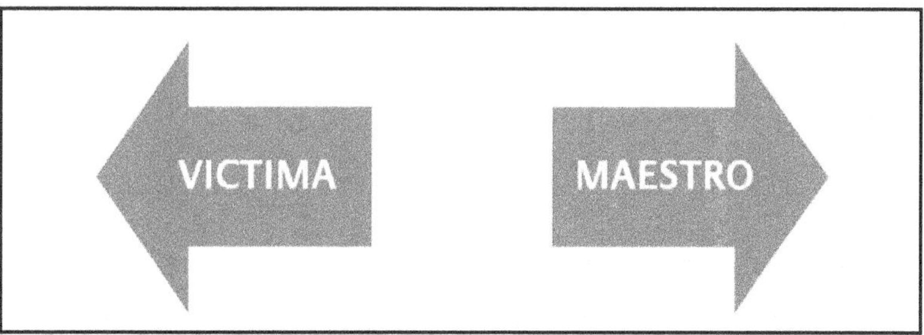

Si eliges ser maestro, aprender y transcender das ciertos pasos: primero te rindes ante la situación, luego encuentras un propósito, que es el ¿para qué? te sucedió tal situación, que parte de ti tienes que conocer.

Cuando haces esto sin vislumbrarlo te unes a la otra persona con la cual tuviste el conflicto, o con la situación o circunstancia a la que le echabas la culpa. Cuando este episodio se da te iluminas, se despierta tu ser interior, donde todo es amor. El perdón es el camino del amor.

Cuando te unes con lo que te causo dolor, te surgen preguntas de empoderamiento, porque ya no eres víctima, sino responsable de lo ocurrido. Las preguntas que debes hacerte en esos momentos para seguir descubriendo en ti aquello que quiere salir es: ¿cómo veo al otro? el que realizó tales acciones, y trasladarlas a mí.

Por ejemplo: si tu pareja te engaño, te cambio por otra persona y te desvalorizó, debes buscar en tu interior todas esas acciones, porque es el reflejo que te muestra la vida mediante circunstancias y personas, para que las veas en ti. Entonces lograrás ver que el que se está engañando, cambiando por otra persona que no eres y desvalorizándote eres tú mismo. Lo de afuera solo está para mostrarte siempre la verdad.

En ese momento en que descubres que todo es para que te descubras a ti mismo y el otro o la circunstancia solo está ahí para mostrártelo, el perdón surge sólo, en ese mismo instante en que hiciste consciente la verdad.

No hay buenos y malos. Todos somos maestros y aprendiz al mismo tiempo. De eso se trata la vida. Debes estar abierto a las experiencias que llegan a ti, siempre mirándolas desde este lado, desde la seguridad que son el reflejo de tu interior y siempre están allí para mostrarte algo que debes sacar a la luz.

A muchas personas les cuesta perdonar al otro, no lo pueden entender porque el otro les causo mucho daño. Al pensar así están actuando desde el ego, desde la parte consciente que ve sólo un pequeño porcentaje de la realidad, tu realidad desde tu percepción, creada por tus creencias, tus pensamientos y actitudes habituales.

El perdón es hacia ti mismo, no hacia el otro. Es amor, el amor incondicional que debes tenerte a ti mismo. No necesitas tenerlo frente a frente para perdonarlo, es un trabajo interno. No sirve de nada que la persona que te provocó el dolor te pida perdón y tú le digas que lo perdonas, pero en realidad queda guardado dentro de ti cierto resentimiento y cada dos por tres sale a la luz.

Para hacértelo más gráfico, odiar a otra persona por lo que te paso en relación con ella, es como tomar veneno y pretender que el otro muera.

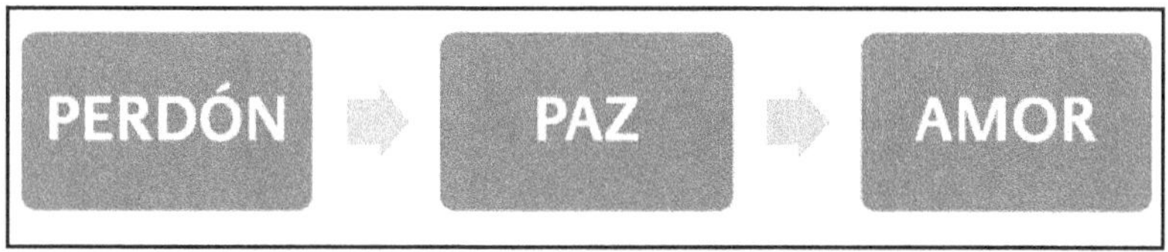

Cuando no perdonas, la persona que sufre, que recibe la enfermedad, que no avanza en la vida, eres tú. El otro sigue su vida mientras tú te quedas prendido de esa circunstancia.

Por lo tanto, debes darte cuenta que perdonar es un acto de amor propio, de respeto a ti mismo, de cuidados y valoración propia.

Vamos por una técnica que puede ayudarte mucho.

HOPONOPONO

Seguro ya has escuchado hablar de una de las técnicas más populares de los últimos tiempos. Sin embargo su concepción es muy antigua. Surge en Hawai con los primeros habitantes.

El principal propósito de este proceso es descubrir la divinidad dentro de uno mismo y aprender a pedir en cada momento, que nuestros errores en pensamiento, palabras y acciones, sean limpiados. En esencial implica liberar el pasado.

En sus inicios se practicaba con toda la familia presente. Existía un moderador y cada miembro tenía la oportunidad de pedir ser perdonado por los demás. Era como una confesión de todo aquello que podía herir o hacer daño al resto de la familia.

Hoy en día las familias no viven tan cercas y conseguir esas reuniones donde todos participen se hace casi imposible, así que se buscó la manera de hacerlo más fácil y más aplicable a los tiempos actuales. De esta forma se individualizó para poder practicarlo en soledad, pero sabiendo que lo que se borra en uno se borra también en toda la familia y ancestros.

El hoponopono no se centra en buscar culpables, sino en limpiar todas las memorias inconscientes y emociones negativas que nos suceden en relación a un problema.

Como ya vimos y repetí muchas veces, porque es muy

relevante que te quede grabado, es que la realidad que vives es responsabilidad tuya, al margen de lo que suceda fuera, la emoción que experimentas es solamente tuya. La base es mirar hacia adentro y asumir el 100 % de la responsabilidad de las cosas que te pasan. Debes dejar de prestar atención cuando tu mente, tu ego insiste en buscar alguna persona o cosa a la que culpar. El origen de los problemas no se encuentra afuera sino dentro de cada uno. No es el hecho en sí lo que provoca el problema sino la percepción y como te sientes tú ante ese problema.

Se practica mediante un proceso de cuatro pasos, identificados con cuatro palabras.

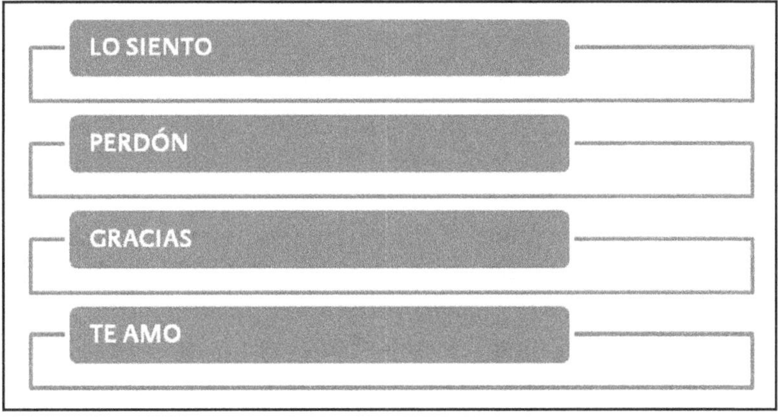

Se han mal interpretado muchas veces estas palabras y por lo mismo, se han utilizado mal. No sirve repetir las palabras una tras otra sin conciencia de lo que realmente significan.

Uno de los errores más grandes es creer que son dichas y sentidas para decírselas al otro o a la circunstancia que estás viviendo. Ese es el error más grave, porque en realidad son un regalo para ti.

➤ **Lo siento**: tiene que ver con hacer consciente que tú creaste esa situación, desde el inconsciente. Dejar de lado las excusas y justificaciones. Todas las frases que empiezan con:

- porque…

- y si…

- pero….

- es que…

Todas las oraciones que comienzas con esas palabras llevan consigo una justificación o excusa. Por ese motivo no sirven para que realmente hagas los pasos adecuados hacia la superación, el perdón y el crecimiento interno, que como consecuencia, conlleva un crecimiento externo también.

En este sentido, la frase Lo siento, es para ti. Sientes haber creado tal situación. Te empoderas para aprender de ello, avanzar e intentas no volver a repetirla.

➤ **Perdón** a ti mismo por no haberte amado. Por experimentar esa situación que surgió desde la desvalorización o la falta de amor propio. No es perdonar al otro como muchas personas lo mal interpretan.

No se busca generar un vínculo de amistad o cercanía con la persona con la que tuviste el problema. Ese es otro error. Te repito que el perdón es hacia ti mismo. El otro está ahí para mostrarte algo de ti, para que lo veas, lo descubras y crezcas a partir de ello.

Gracias significa agradecer por el aprendizaje. Por tomar consciencia y revalorizarte a partir de lo sucedido. No implica agradecer al otro por lo que pasó, sino por lo que descubriste en tu interior gracias a ello.

El perdón siempre implica gratitud, si no la sientes realmente no estás perdonando. Esto es amor incondicional, porque cuando agradeces y perdonas esta comprendiendo que esa persona o circunstancia está jugando el rol, interpretando el papel de aquello que tú necesitas ver. Esta moviéndose dentro de ese amor incondicional. Cuando comprendes esto dejas automáticamente de culpar y lo que comienza a fluir es el amor. Ante el amor se diluye todo lo malo y surge el perdón y la gratitud.

Te amo. Porque es amor lo que muestra la situación vivida. Por amor incondicional esa persona viene a mostrarte lo que debes ver y su amor es tan grande que se hace cargo de esa situación, porque no hay otra persona que venga a mostrártelo.

No suceden ciertas circunstancias dolorosas para hacerte la vida difícil, sino que aparecen mediante el amor incondicional para mostrarte que te hace falta para amarte a ti mismo, para que trasciendas esa barrera que te impide ser lo que has venido a ser.

¿Cómo utilizar hoponopono?

Esta frase; **"lo siento, perdóname, gracias, te amo"** se utiliza repitiéndola como un mantra, sintiéndola realmente, incluso puede pasar que sientas destacar alguna palabra más que la otra según la situación que te toque perdonar en ese momento.

Antes de comenzar puedes predisponerte a ello y decir: **"divinidad, limpia en mi todo lo que está contribuyendo a que aparezca este problema".** Y luego procede con el mantra de sanación.

Puedes realizarlo en cualquier momento del día, siempre que al decir el mantra lo hagas con plena conciencia y sientas el resultado del mismo: la limpieza, la liberación de perdonar, de agradecer.

Perdonar te cambia la vida completamente. Lo que tú ves y vives ahora lo creaste en tu pasado y por lo tanto lo que estás pensando, creyendo, imaginando, visualizando es lo que verás en tu futuro.

Por tal motivo es esencial el perdón. Para poder avanzar y trascender todo aquello que te detiene y te paraliza. Todo ello viene del pasado que no sueltas, que no dejas ir, que no perdonas. Si no dejas atrás el pasado, éste se va a volver a repetir una y otra vez. Siempre te encontrarás con la misma piedra, incluso cada vez más grande. Y así será hasta que aprendas.

Cuando comprendes que cada situación y cada persona que paso y pasa por tu vida está ahí para que tú te encuentres, te veas y crezcas como persona, entonces entiendes que solo están realizando el rol que vinieron a cumplir para ayudarte. Lo mismo harás tú en la vida de otros. Estamos todos conectados.

Incluso, aunque suene difícil de comprender para nuestra mente, todo lo que vives está pactado con antelación a tu llegada a este mundo. Solo que en el momento que naces no hay recuerdo, naces como tabula rasa, con la pizarra de tu mente totalmente en cero. Pero tu alma tiene bien claro cuál es el aprendizaje que vienes a cumplir en esta vida. Y te pondrá delante de ti todo aquello que sea necesario para trascenderlo y superarlo.

En este camino nuevo que te tocó emprender todo es fascinante, y aunque tocar tierra, encontrar más guías en ese cofre te llevó a muchos recuerdos del pasado, ya no los miras con los mismos ojos, ni tienes las mismas sensaciones de antes.

De a poco vas vislumbrando que este viaje que te mantuvo a la deriva hasta el punto de sentir que habías enloquecido, fue el más importante y relevante de toda tu vida. Nunca estuviste más cuerdo que en estos momentos. Porque es ahora cuando entiendes que cada suceso vivido fue para tu crecimiento y para tu propio bien. Que aquellas experiencias que más te dolieron son las que más estaban destinadas a ti, para que las veas, las sientas y las superes.

Los enojos constantes con tu familia, principalmente con tu papá, ese rencor que tenías guardado, fue construyendo un muro en tu interior que no te permitía abrirte a los demás.

Y hoy, en este camino y gracias a los mensajes que el Universo te regaló, todos esos malos recuerdos se van diluyendo, toman otro color, otra visión de la circunstancia aparece como opción y se aliviana tu peso, te sientes más libre...

Siempre es sobre ti, todo lo que estás leyendo en éstas páginas, en el libro anterior y en el siguiente, es:

¡POR Y PARA TI!

Cada palabra, cada tema, cada ejercicio tiene impregnado el poder y la intención de ayudarte e impulsarte a lograr los cambios necesarios en tu vida. Conociéndote realmente, sin disfraz, sin caretas, sin pretender agradar a nadie, sólo a ti mismo.

En el libro anterior ya comenzaste a ser consciente de

todas las limitaciones que permitías estén activas para mantenerte siempre en el mismo lugar. .

En este libro vas a lograr liberarte de otras ataduras de las cuales tampoco eres consciente. Pero al descubrirlas y sacarlas a la luz sanarás por completo tu ser herido y te sentirás más liviano para volar hacia todo aquello que deseaste y deseas ser.

No aflojes ahora, avanza, se fuerte y hazte responsable de lo que tienes que romper en ti para seguir creciendo.

No será fácil, pasarás por diferentes estados, pero te aseguro que solo será un tiempo muchísimo menor de todo el tiempo fabuloso que te espera si realmente te comprometes a ser mejor cada día.

¡CAMINA QUE POR DELANTE TE ESPERA TU YO REAL, TUS SUEÑOS Y ANHELOS. ELLOS ESTAN ESPERANDO POR TI!

¡ERES TU PROPIO HÉROE!

NUNCA LO OLVIDES...

Vamos que todo lo que te espera es maravilloso, es como descubrir un mundo nuevo que está ahí dentro tuyo esperando a ser visitado.

Sígueme en las siguientes páginas que ampliaremos este tema fundamental para tu liberación...

ACTIVA
LA MAGIA

PERDÓN = MAGIA

¿Por qué te digo que perdonar es igual a magia?

Porque cuando el perdón es real lo que sucede a continuación es tan liberador, tan especial y maravilloso que no puedes pensar en otra cosa que no sea magia sobre ti.

En esta sociedad nos han enseñado:

A enojarnos con los demás cuando realizan actos que nos disgustan, que los hacemos nuestros y los consideramos hechos realizados exclusivamente hacia nosotros para dañarnos. Si miras bien, el ego ahí juega un papel muy importante, porque lo que menos haces es observar al otro, el cual pudo haberse equivocado, tener un mal día como también los tienes tú a veces, estar experimentando una situación muy fuerte en su vida de la cual no tienes conocimiento y es la raíz de su actitud hacia ti en ese instante, etc., puede haber miles de factores que provoquen su actitud o reacción.

Y lo mismo es contigo, no todos los días son iguales para ti. Pero la diferencia ahora radica en que tú ya tienes información sobre todo esto y puedes manejar la situación para que no te afecte.

A cerrarnos hacia la persona que nos lastimó con sus palabras o acciones y no dar la oportunidad, ni siquiera de disculparse. Porque esa actitud de orgullo es de personas fuertes. Perdonar siempre es de persona débil.

Nunca tan errada esa concepción. El perdonar es de valientes. Porque pasas por aceptar ese momento de dolor para convertirlo en aprendizaje. Porque eres capaz de mirarte dentro y mirar al otro y comprender, manifestar compasión sobre la situación, y por lo tanto, salir más reforzado de toda esa experiencia.

A guardar rencor a las personas que nos hicieron sentir mal, aunque ya hayan pasado años. Si te miras hoy y años atrás verás que no eres el mismo, que vas cambiando constantemente, aún sin habértelo propuesto. Eso se debe a todos los aprendizajes que vas acumulando en la vida. Pues lo mismo sucede con el otro, cambia, aprende y hoy no es la misma persona que en el pasado te ha herido.

Pero lo más importante de todo esto, es lo que tú sientes. El rencor es un sentimiento muy dañino que sólo le provoca más dolor, tristeza y enfermedad a la persona que lo siente. Anida dentro de ti, se alimenta de ti, no te deja avanzar y crece constantemente, presentándote más situaciones que te recuerden la situación.

A no doblegarte al pedir perdón al otro por un error, palabra o actitud tuya. Vamos caminando por la vida creyéndonos el ombligo del mundo. Manifestando ese ego que todo lo que ocurre es en torno a nosotros, sin tener en cuenta a los demás, sin empatizar y colocarnos por un instante en los zapatos del otro para comprender lo que puede estar sintiendo o viviendo en ese momento.

Pero así como tú esperas que el otro se acerque a pedirte perdón si se equivocó, tú debes hacer lo mismo ante tu error. Lo sentirás, porque cuando haces algo indebido para tu ser, comenzarás a sentir culpa, y ello determina que te equivocaste. Cuando dañas a otro ese daño lo comienzas a sentir en ti mismo en modo culpa. Te comienzas a sentir mal, algo no está bien, te sientes triste o la rabia luego se transforma en depresión.

Es el momento de actuar y pedir perdón. Te aseguro que sentirás un alivio y una liberación inmensa.

Pero esto no es todo sobre el perdón, hay mucho por abarcar.

El perdón debe realizarse en varias direcciones para que realmente consigas limpiar todo tu interior y dejar surgir a ese ser que llevas dentro, pero se encuentra tapado y amarrado por todos estos sentimientos y heridas del pasado que no te permiten brillar, que no te permiten ser quien eres y quien has venido a ser.

En estos momentos, así, sin sacar fuera lo que ya no sirve, estás reprimido, estás comportándote como otra persona, llevas una careta puesta, un personaje que te creaste para tu entorno y la sociedad en que te mueves. Y nada que no sea real puede llegar a buen puerto.

Te voy hacer unas preguntas:

¿Cómo pretendes tener una relación de pareja extraordinaria, llena de amor incondicional, si ni siquiera lo tienes tu primero contigo? ¿Cómo pretendes amar a otra persona y que te amen si no lo haces en primera medida contigo? ¿Cómo pretendes que no te engañen si el primer engaño lo haces contigo mismo? ¿Cómo pretendes que no te mientan si te estás mintiendo a ti mismo?

Lo mismo en otras áreas. ¿Cómo pretendes ser una persona saludable si comienzas una dieta y te auto-engañas consumiendo lo que no debes o dejándola cada dos por tres y luego dices que la misma no funciona?

O con tu trabajo, quejándote de lo poco que ganas, y de la crisis que hay en el país, pero sigues ahí, sin buscar otras opciones. Sin tú darte el valor que dices merecer.

Es así, tú, yo y cada uno de los seres humanos tenemos lo que decidimos que merecemos. La única manera de cambiar es haciéndolo nosotros.

Nadie va a llegar a ti logrando esos cambios mágicamente, como un hada de los cuentos, que con su varita en un instante te convierte en lo que deseas. Hay que dejar de crear fantasías y comenzar a accionar. Que los cuentos de hadas, príncipes y princesas queden para tu niño interior, pero tú ya eres adulto y sabes cómo funciona la vida.

Si quieres una vida de sueños hechos realidad debes hacer los procesos necesarios para conseguirlos. Y con todo esto no digo que dejes de soñar o anhelar algo, sino que lo lleves a tu realidad actual y desde ese punto comiences a planificar todos los pasos necesarios para acercarte y acceder a ellos. Lo que sueñas se hará realidad cuando seas realmente la persona que viniste a ser. Por eso primero debes cambiar todo tu chip interno, lo que tienes grabado dentro y que te mantiene actuando siempre de la misma manera, obteniendo los mismos resultados una y otra vez.

Comienza por limpiar y desterrar cada pensamiento, cada programa, hábito, emoción, cada culpa, perdona y pide perdón por todo aquello que está ahí guardado solo ocupando el espacio destinado a lo nuevo, a todo lo que realmente te pertenece y vibra con tu ser interno, con tu corazón.

Para lograrlo acompáñame a conocer los **distintos niveles** en los que es importantísimo utilizar esta maravillosa herramienta que es el **PERDÓN**.

¡Vamos por la senda de la manifestación de tus anhelos del corazón!

Primer nivel: perdonarte a ti mismo

Este es el inicio del perdón. Si, perdonarte a ti mismo por

todo, absolutamente todo.

Por lo que hiciste y luego te arrepentiste. Por lo que no hiciste cuando realmente lo sentiste y lo dejaste pasar por cobardía o por creer que no era el momento adecuado.

Hay situaciones que producen una desilusión de ti mismo. Actitudes y hechos propios que te humillan, te denigran o avergüenzan. Esta clase de fallas requieren de auto-perdón.

Tienes que comprender que todo lo sucedido en el pasado es perfecto tal cual sucedió. No tenías la mentalidad, ni los recursos con los que cuentas hoy en día. En ese instante tu reacción fue adecuada al momento que estabas viviendo, y esa era la única opción para ti, no existía otra posibilidad.

"Perdonarte reconociendo tus errores es un acto de humildad".

No sirve de nada mirar hacia atrás para reprochar tus actitudes porque ya nada de ese momento puede cambiar. Para lo único que es interesante mirar hacia atrás es para aprender y extraer de esas situaciones lo positivo y el o los aprendizajes que te regaló esa experiencia.

No existe ser perfecto, debes ser realista y comprender que cometes errores como todos y cada uno de nosotros. Esos errores o fracasos no están ahí para que los machaques cada dos por tres y te sientas víctima de la situación, sino que están ahí para que tomes lo mejor de ello y no vuelvas a repetirlo.

Cuando te perdonas a ti mismo evolucionas y creces

de manera exponencial. Aprendes de cada situación de disgusto y en vez de concentrarte en ello para recordarlo cada día de tu vida, lo miras para extraer lo positivo y ser mejor que ayer.

Perdonarte está muy relacionado con aceptarte, amarte y cuidarte. Nada que surja de ello puede ser malo. Verás que de esta manera todo se acomoda y llegan a ti momentos que hace tiempo deseabas. Cuando sanas, te perdonas y te amas el Universo te muestra tu reflejo colocando delante de ti situaciones y personas con las que siempre soñaste. De esta manera descubres que el único que no permitía que eso suceda eras tú.

Sé que perdonarte a ti mismo es la parte más difícil, porque tienes que mirar dentro de ti y buscar todo aquello que todavía está marcado y guardado allí provocando daño. Como una espina clavada que cada tanto te pincha y recuerdas el dolor inicial.

Tendemos a buscar y provocar el olvido, pero eso sólo ayuda a reprimir el daño para mantenerlo adormecido y que se despierte ante situaciones similares. Es ahí cuando repites patrones y salen a la luz respuestas automáticas que no deseas pero vuelves a repetir una y otra vez; por no verlas, por no perdonarlas, por no sanarlas. Crees que ya pasaron y no están más. Pero luego descubres que siguen ahí, reprimidas, escondidas, esperando a salir a la primera oportunidad que se presente.

No debes vivir mirando el pasado, pero sí lo que sucede en tu presente, porque ello te muestra tus decisiones del pasado que hoy se están manifestando y aquellas situaciones que no has podido perdonar. El presente y las experiencias del ahora son las que te mostrarán que es lo que tienes que volver a mirar. No sirve de nada revolver todo el pasado, porque te instalarás allí y te olvidarás de tu siembra de hoy, y de esta manera seguirás cosechando lo sembrado en el pasado, todo seguirá sucediendo con la misma similitud siempre o peor con el paso del tiempo.

Sé que tú no quieres eso. El Universo es muy sabio y colocará delante de ti todas las señales adecuadas, en el momento justo para que las tomes y las conviertas en aprendizajes nuevos. El siempre te esta y te estará guiando hacia tu sanación, hacia tu liberación y la concreción de tu propósito en esta vida.

Ejercicio

Un muy buen ejercicio de perdón contigo mismo es escribirte una carta con todo lo que sientes que tienes que perdonarte. Es algo muy personal, así no te guardes nada, entra en contacto con tu verdad, con tu ser interior, se sincero y comienza a plasmar en las hojas que sean necesarias todo aquello que sigue ahí guardado, marcado, que no has olvidado y te reprochas actualmente.

Desde lo que sientes que has hecho mal, hasta aquello sobre lo que no actuaste por miedos propios y generaron situaciones de mucha culpa.

Descarga todo lo que sientes, vas a ver que comienzan a fluir situaciones que pensabas olvidadas. Luego con esa carta puedes hacer lo que desees, romperla, quemarla o guardarla y leerla las veces que sean necesarias hasta que sientas que te has perdonado completamente.

También puedes grabar un audio o video propio y tenerlo disponible para ti hasta que no lo necesites más. O trabajar con el espejo y hablarte mirante a los ojos, es muy poderoso este ejercicio, pero no muchos se animan a mirarse frente a frente y perdonarse. Es el proceso previo para sanar, liberar y amarse a uno mismo.

Aprende a no juzgarte más, de aquí en adelante, sólo obsérvate para aprender cada día más. Hay muchas enseñanzas en todo lo vivido y en aquellas situaciones de dolor sin dudas están las de mayor valor.

Segundo nivel: el perdón con los demás

A este tipo de perdón estamos más habituados que el hecho de perdonarnos a nosotros mismos.

Pero en este caso no es interpretado como el perdón dicho así como de paso, sino con un sentimiento real de liberación.

Contemplando a los otros, el perdón se puede manifestar de dos maneras:

- Pedirle perdón a la otra persona

- Perdonar a la otra persona

En ambos casos no es necesario el pedido explícito de perdón. Es más un trabajo interno. Desde el momento en que comencé a escribir los libros busque que comprendas que todo, absolutamente todo es tu responsabilidad. Por tal motivo debes dejar de mirar afuera para resolver todo lo que te sucede o te disgusta.

En este caso sucede lo mismo. No es ir a pedirle perdón o pretender que el otro te pida perdón para así luego perdonarlo. No funciona así. No debes esperar nada.

Ya sabes que no debes esperar nada de nadie, que lo que llegue a ti y alguien quiera o desee entregarte es porque antes has entregado tu desde el amor incondicional. No debe haber expectativas sobre el otro y pretender que accione de determinada manera. No funciona así.

Por lo tanto el pedir perdón y perdonar surge dentro de ti, nadie te obliga, debes sentir que es el momento de hacerlo sólo para beneficio propio, para no seguir con ese dolor que te mantiene estancado.

Si la situación lo merece y así lo deseas, tienes a la persona disponible para acercarte y pedirle perdón por el o los daños que pudiste provocarle en el pasado, bienvenido sea. Es muy sanador. Pero no te quedes esperando que el otro haga lo mismo contigo. O si no lo hace no vuelvas a las culpas o al arrepentimiento de haberte acercado a pedir perdón. Tienes que acercarte con la claridad que lo importante es el paso que tú estás dando.

Lo que la otra persona sienta no es relevante en este

proceso, puede suceder una situación donde ambos se perdonen mutuamente siendo ese el mejor estado liberador de todos, pero sé que no todos tienen el poder de acceder a la otra persona.

Si la persona a la cual debes pedir perdón y perdonar no se encuentra ya en este plano, no importa, el ejercicio puedes hacerlo igual. Siempre la idea es que lo sueltes y lo descargues para liberarte de ese rencor guardado.

Las heridas duelen y a veces mucho pero es verdad que la falta de perdón te auto-esclaviza.

"La mejor venganza es el perdón".

Te lastimas a ti mismo cuando no perdonas, mientras que la persona que te ofendió, muchas veces ni se percata de tus sentimientos. Tu falta de perdón hacia otros te mantiene preso y atado a esa persona, con sentimientos de rencor que sólo te producen daño a ti mismo.

Perdonar es una virtud suprema, porque cualquiera puede ser violento, abusar o lastimar, pero no cualquiera posee el valor de perdonar. Es un rasgo de seres inteligentes y sabios.

¡Sabes que perdonar te hará libre y feliz, cruza esa barrera. Sé que tú puedes!

Ejercicio

Al igual que con el auto-perdón, puedes hacerlo con los demás. Si crees que frente a frente está dentro de tus posibilidades sin salir nuevamente herido, ese es el plan perfecto.

Otras opciones son escribirle una carta pidiendo perdón primeramente, porque debes aceptar tu parte de responsabilidad en la situación vivida, recuerda que tú generas tu realidad. Y luego perdonándolo por todo aquello que te hirió o te hizo sentir mal de alguna u otra manera. Esa carta puedes entregársela o puedes guárdatela para ti. Esa opción es tuya, tú verás hasta donde es necesario romper barreras para realmente sanarte internamente.

También puedes trabajar con el espejo pensando que la persona reflejada en el mismo es aquella con la que necesitas hacer este trabajo de perdón.

Todo lo que a ti personalmente te surjan como opción, diferente a los ejemplos de ejercicios que aquí te brindo, son bienvenidos, ya que salen de tu corazón y si los atiendes darán los frutos deseados.

Tercer nivel: el perdón con el Universo, Vida o Dios

El amor del Universo, vida, Dios; Fuerza Superior o como desees llamarla, por cada uno de nosotros es incondicional. Jamás nos ha enviado situaciones para ponernos incómodos o hacernos daño. Sólo ha respondido a nuestros pedidos.

Te acuerdas cuando hablamos sobre la forma de pedir, desde el amor y la fe y no desde el miedo. El sólo te escucha y te responde. Pero la forma en que lo haces y cómo lo pides es pura y exclusiva responsabilidad tuya.

Por eso no hay nada que perdonarle, pero si pedirle perdón por todas aquellas veces que lo hiciste culpable de tus circunstancias. Por no tener la capacidad de entender lo que hoy si comprendes. Te desconectaste muchas veces de él o tal vez nunca estuviste conectado. No sabias cuál era la manera de acercarte y mantener una conversación con él, a su manera, con el mismo lenguaje. De esta forma todo lo que sufriste te ha posicionado en sentir que no te tenía en cuenta o que estaba ensañado contigo. Ya sabes que no es así. Llegó el momento de pedir perdón por toda esa desconexión y por culpar a la vida de todo lo que no funciona bien.

Asumiendo tu responsabilidad, quédate con la tranquilidad de saber que el Universo perdona todo, porque en realidad sabe que no tiene nada que perdonar. Es amor en su estado más puro y está a tu disposición siempre desde la abundancia, desde la verdad.

Cuando entras en este punto ideal de comprensión todo fluye. Descubres que sólo tú te mantenías estancado, enojado, guardando rencor y provocando más de lo mismo. En el instante que conoces la verdad, la realidad que se manifiesta ante ti cambia todo tu panorama hasta el momento. Hay un giro de 180° entre lo que eras y lo que realmente eres.

Ejercicio

Ya sabes cómo comunicarte con el Universo, así que sólo hazlo. Escríbele, visualiza sintiendo dentro de tu corazón la conexión establecida y desde esa sinceridad le cuentas que ya comprendiste todo, háblale y sobre todo agradece por estar ahí siempre para ti. Todo lo que reconoces y agradeces el Universo se encarga de enviártelo más seguido.

Te sientes agotado, ya has caminado muchas horas y vas abriéndote camino entre la vegetación, pero no sabes el rumbo que debes tomar, estás perdido.

Intentas poner tu atención en los sonidos que desprende el lugar, quieres ver personas, quieres sentirte acompañado, cobijado por alguien. Que te brinden un lugar donde descansar y buen alimento. Vienes arrastrando mucho tiempo ya de comida enlatada y de peces que has conseguido atrapar cuando estabas en el océano.

Te das cuenta de tus cambios de ánimo, pasas de estar enojado, rabioso, cuando las circunstancias no son las que deseas, a pasar al asombro, a la magia, a la alegría y el agradecimiento de los regalos que vas recibiendo en el camino.

Te sientes en paz, por momentos, con-

fiando en lo que viene, sintiendo con la más absoluta seguridad que todo está bien y es lo que tiene el Universo preparado para ti. Y luego, se dispara en tu interior una incertidumbre, malestar y miedos por lo que vendrá. Después de todo estás en un lugar totalmente desconocido sin saber con lo que te vas a encontrar.

Por último, reflexionas y descubres que de lo malo saliste favorecido, y que nunca aprendiste las lecciones del pasado más que en estos momentos. Eso te hace apreciar la soledad, y aunque parezca y te suene todo muy loco, no vas a discutir más con tu mente que intenta hacerte ver futuros inciertos y desdichados.

No quieres más esa lucha dentro de ti, ya fue suficiente, demasiados años, demasiada vida y afectos desperdiciados por prestar atención a esa lucha interna y al resultado de ella.

Y mientras piensas sobre esto, algo en ti se revela, sientes ese EUREKA que produce un cambio radical. Te emocionas y prometes no volver a tratarte tan bruscamente, a dejar la autocrítica constante, a desvalorizarte, a abandonarte y descuidarte; porque cada vez que lo hacías se reflejaba en el exterior y tu entorno, tu familia, las personas que más amabas se alejaban porque las dañabas.

Te sentiste culpable por mucho de tus hechos y palabras, pero también resentido y con el orgullo al máximo cuando tú te sentías dañado o dolido por otra persona. No sabías manejar la situación y todo ese dolor se fue acumulando en ti, a tal punto que decidiste aislarte, desaparecer y no ver nunca más a ninguna de esas personas. Fuiste dejando muchos buenos afectos en el camino sin mirar atrás y creías que de esa manera seguías convirtiéndote en alguien cada vez más fuerte y poderoso. Pero la verdad hoy sale a la luz, y ves que es totalmente al revés. Sientes que muchas de esas actitudes fueron de cobardía y no aceptación de la realidad. De creerte superior por soportar el dolor y no expresarlo.

Aquí estás, rindiéndote a todo ello. Descubriendo que de nada servía más que para seguir arruinándote a ti mismo y en consecuencia a los tuyos. Duele, si, duele, pero como libera, como te sientes amado por el mundo y amado por ti mismo.

Parece una locura, pero comienzas a conversar contigo en vos alta. Te tratas con amor, perdonas todo lo sucedido, tus malas actitudes y las de los demás para contigo, vas sintiendo paz en tu corazón y unas lágrimas corren por tus mejillas.

Hasta la luz del sol acompaña, sales de tanta vegetación y los rayos te dan de lleno en el rostro, te sientes iluminado. Otro momento de magia para ti, otro regalo más. Cada regalo se vuelve más y más importante.

De pronto escuchas un sonido, sigues caminando y te encuentras con una gran superficie rocosa. Te acercas y la rodeas. Y ahí está, una gran bendición, una bellísima cascada de agua limpia toda para ti.

Dejas que todas tus pertenencias caigan al suelo y corres gritando de felicidad, a disfrutar de una buena ducha natural y de saciar tu sed de agua cristalina y pura, que la madre naturaleza te ofrece.

Dices para tus adentro: - ¡Dejar hablar a mi corazón es magia, de momentos malos y tristes surgen momentos increíbles!

Conclusión

Es muy valioso el perdón. Es una herramienta que no debes dejar pasar si quieres liberarte de las ataduras que tú mismo te pusiste y comenzar a progresar en tu vida.

El odio, el resentimiento, el rencor es muy costoso, siempre deriva en sufrimiento, dolor y enfermedades. Te van destruyendo por dentro y de a poco te van matando en vida.

Hemos sido creados en amor y nuestra finalidad es amar, el sentido de nuestras vidas radica en ello.

"Amar es sanar, odiar es enfermar"

"Amar es perdonar. Perdonar es amar"

> **SI QUIERES SER FELIZ POR UN INSTANTE, VÉNGATE.**
>
> **SI QUIERES SER FELIZ SIEMPRE, PERDONA.**

Con esta última frase comprendo que si estás en el camino de la superación vas a elegir todo aquello que te ponga a trabajar más en ti, que genere mayor esfuerzo en estos momentos pero que a largo plazo tengas como resultado la vida extraordinaria que anhelas.

De lo contrario si te sigues moviendo por la rapidez de respuesta, la ansiedad, el querer todo ya y los resultados de momento, tal vez disfrutes ese instante, pero te aseguro que a largo plazo vas a observarte en el mismo lugar o peor que el que tienes actualmente.

¡Confío en ti que eres un héroe salvándote de no caer en lo mismo de siempre!

¡Sólo queda que la persona más importante de tu vida confíe en ti; tú mismo!

¡SE QUE LO HARÁS PORQUE ERES VALIENTE Y QUIERES LO MEJOR PARA TU VIDA!

TE PRESENTO:

EL GRAN MAESTRO

Existe en la vida de cada uno de nosotros muchos maestros, pero el de mayor grado y relevancia es:

EL DOLOR

Dime si es verdad que lo evitas, que sólo escuchar el sonido que produce esa palabra ya te sientes distante, molesto, no quieres saber nada de ello. ¿Por qué será? Simplemente porque buscamos constantemente el placer y evitamos el dolor. Y apenas hace su aparición no le damos espacio y lo hacemos a un lado. Si podemos no mirarlo y resolverlo mejor.

Actuar de esa manera nos perjudica a largo plazo, porque como vimos hasta ahora todo lo que guardas en tu interior y no procesas termina afectándote, anida dentro de ti y crece sin que tengas consciencia de ello.

En la primera oportunidad que se presente para salir a la luz lo hará y tú no entenderás el por qué de tu reacción. Son esas situaciones en que decimos que hacemos un mundo de una cuestión o circunstancia tan pequeña y a veces sin significado. Y así, el que nos observa nos dice que estamos locos. Seguro te ha pasado, todos vivimos esas experiencias hasta que logramos cambiarlas.

¿Por qué considero que es tu mayor maestro?

Porque tanto si el dolor es físico como emocional, de todas formas, está hablando, quiere comunicarse contigo. Su manera es mediante síntomas de dolor corporal o emociones fuertes de tristeza, desvalorización, abandono, etc.

Ese dolor te está diciendo que te mires, que te observes, que le prestes atención a lo que está sucediendo en tu interior.

Siempre habla de una incoherencia, de conflictos internos, de algo más profundo. Y sólo tú puedes descubrir que es. Obvio que puedes buscar ayuda, guía para encontrar que es lo que te mantiene en ese estado, puedes encontrar información, leer libros, pero siempre el camino y la respuesta a la solución la tienes tú.

En ti va a resonar si por dónde vas es adecuado. Nadie te puede decir o etiquetar absolutamente de nada. Lo que está en tu interior sólo lo conoces tú, y es un universo inmenso en el que otro no tiene lugar para juzgar. No todos pasamos por las mismas experiencias y si las compartes tampoco vas a encontrar que tu emoción o sentimiento sea idéntico al tuyo. Esto no quiere decir que no puedas compartir, puedes hacerlo tranquilamente, pero no permitas que otros te digan que es lo que deberías sentir, eso sólo te pertenece a ti.

Una cosa es buscar guía para lograr el autoconocimiento y otra muy diferente es que te juzguen por lo que vas descubriendo de ti. Cualquier terapeuta al que recurras no es el solucionador de tu problema, es tu guía en el camino de aprendizaje. Tal vez porque esa persona ya pasó por situaciones similares y salió adelante adquiriendo conocimiento sobre técnicas para llegar a un buen resultado y así logra ayudar a otros compartiendo sus aprendizajes como guía.

Es lo mismo que te ocurriría a ti si resuelves una situación que luego ves vivir a un amigo o familiar y entonces le cuentas que es lo que tú hiciste para resolverlo. La otra persona lo toma como ejemplo, pero queda en ella la responsabilidad de actuar igual que tú, para que le sirva de guía o decida resolverlo a su manera.

Puedes sentir dolor:

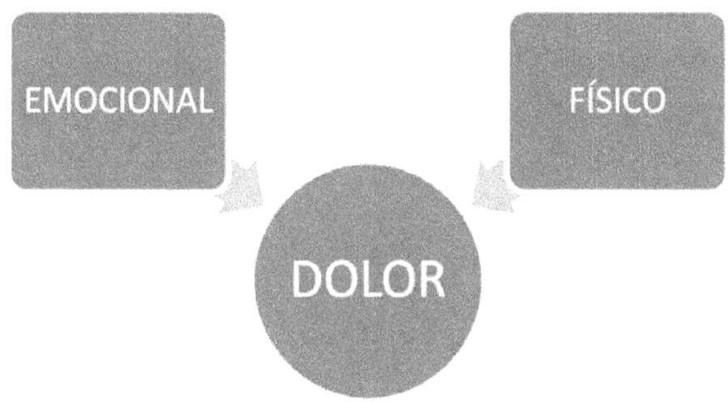

Esas son sus áreas de manifestación.

Para saber de dónde proviene pregúntate:

- ¿Qué está pasando?

- ¿Qué estoy haciendo que no me gusta?

- ¿Para quién estoy viviendo?

Comunícate con tu interior, puede ser que la respuesta no llegue a la velocidad que pretendes, pero si es verdad que siempre hay una respuesta a modo de señal, que en el momento menos esperado aparece y te sorprende. No te descuides y presta atención a lo que sientes, a lo que te sucede.

Revisa si estás viviendo para ti o para los demás. Muchas veces vivimos de los recuerdos del pasado, de la forma en que nuestros padres nos veían o deseaban para nosotros. Seguimos las profesiones en las que ellos deseaban, formamos una familia de acuerdo a sus estructuras, y muchas veces aceleramos el paso cumpliendo con las expectativas de los demás, menos las nuestras.

Cuando eso sucede en algún punto o momento de tu vida se produce un quiebre. Sientes que nada resultó como deseabas y que tus decisiones fueron erróneas. Sientes frustración y fracaso en uno a varios aspectos de tu vida. Y es el momento en que se hacen presente los síntomas de dolor, ya sea físico o emocional. Sientes que no puedes con tu Alma, que no tienes más fuerzas, que te mueves arrastrándote, obligado a seguir aunque cueste horrores.

El dolor tiene relación con lo que experimentas en el pasado, pero principalmente como lo interpretas, el significado que tu le otorgas. Porque las circunstancias te afectan o no, de acuerdo a lo que tú percibes de ella y el significado es el que tú le das.

Si comienzas a observar la relación que existe entre las emociones con el cuerpo y la salud, depositarias en ello mayor atención. Y confío que así lo harás. Cuando buscas información dentro de ti aparecen las respuesta y con ello la sanación.

Deja de vivir en automático, como robot, porque esa manera de vivir siempre pasa factura en algún momento. A veces hasta cuando sientes que estas remontando, que estás encontrando la felicidad, sale a luz el dolor para mostrarte que todavía falta sanar para sentirte pleno. Que no equivoques el camino y repitas una y otra vez los mismos actos, y por ende, los mismos resultados.

A veces esto de vivir en automático te mantiene dormido, enfrascado en la zona de confort y el mínimo problema o dificultad fuera de ella se convierte en una situación que te desestabiliza y retrocedes más aún. Te encuentras dando unos pasos hacia adelante, progresando y a la primera duda, insatisfacción, decepción o dolor, retrocedes veinte pasos. Pasan los años y cuando intentas medir o reflexionar sobre tu vida sólo encuentras mínimos cambios y no siempre son positivos. A veces estás peor que antes.

El dolor existe para impulsarte, para que lo superes haciéndote consciente de aquello que lo causa. No se manifiesta para que tu vida retroceda y te vuelvas una persona resentida, amargada e infeliz. No viniste a este mundo para ello. Tienes un propósito que cumplir, un anhelo, allí en tu interior, en tu corazón, esperando a ser visto y reconocido por ti, para de esa manera demostrarte que eres capaz de lograr los mayores sueños de tu vida.

Tal vez te han programado con las creencias que para vivir hay que sufrir, sacrificarse, que no valemos tanto, etc. Es muy importante romper con ellas, son las limitaciones que tú estás permitiendo ser parte de cada día y cada decisión en tu vida.

Tienes que poner freno a todo esa locura mental que ya no sirve más, que te va deteriorando con los años, que te hace sentir frustrado continuamente, porque si las escuchas y te las dices todo el tiempo, ya no hay dudas que te lo crees y por lo tanto eso es lo que sucede.

Recuerda y ten presente siempre hacia donde diriges tus pensamientos y tu energía. Eso es lo que vas a ver como resultado. O sea, querer o desear algo, pero en tu mente pensar que no eres capaz de lograrlo, ¿Qué crees que sucederá?

Ya sabes la respuesta. Y aunque te repita muchas veces lo mismo en el mismo libro o entre uno y el otro, es porque tiene una razón de ser. Cuando algo lo repites muchas veces va quedando grabado en tu consciencia y comienzas a pensar de esa forma y actuar en consecuencia. Si no lo crees fíjate en tu situación actual y reconoce sinceramente si la posición en la que te encuentras no es gracias a lo que vienes repitiendo en tu mente y en tus actos de manera constante por un largo periodo de tiempo.

Te tomas un momento para seguir disfrutando de todo lo disponible para ti solito en este momento. En el agua, con los ojos cerrados, sintiendo el sol que pega en tu rostro y en todo tu cuerpo, brindándote una sensación de paz, de protección que ningún dinero puede comprar.

Ese regalo del Universo te parece uno de los mejores de toda tu vida. Descubres que llega en el instante justo para hacerte reflexionar sobre pensamientos ya lejanos, dejados atrás, a mucha distancia de esa isla donde estás ahora.

Te sientes diferente, hasta te desconoces. Cuando comienzas a analizarte, a explorar en ti, descubres maravillas, un mundo nuevo al que no habías ingresado antes, y cada nuevo despertar de consciencia te regala un aprendizaje nuevo lleno de emociones que hacen brotar la energía. Sientes que tu corazón se expande y que dentro cabe más de lo que te puedes imaginar.

Recuerdas los dolores que pasaste en tu vida y solo ves en ellos grandes mensajes, avisos indicándote que debías hacer algo. Pero antes no tenías esta nueva forma de ver la vida, la única que sientes que deberían tener todos y trasmitir de generación en generación.

Se generan en tu interior unas ganas inmensas de querer compartir con todo el mundo lo que estás experimentando. Decirles que es posible cambiar, que la frase: "yo soy así, no puedo cambiar", que la mayoría la transforma en la única verdad, termina siendo pura farsa.

Quieres volver a reunirte con tus afectos y contarles todo, absolutamente todo lo que aprendiste y sigues aprendiendo en este viaje. Que en un inicio surgió por enojos, rencores y distanciarte de las personas que amas, las cuales creías que eran las causantes de tanto dolor en ti. ¡Qué equivocado estabas!

Ahora sólo quieres abrazarlos, disculparte y ayudarlos a encontrar su camino como tú lo estás haciendo.

De repente surge un nuevo pensamiento, así de la nada, una seguridad en ti, te dice que no queda mucho camino por recorrer para encontrar tu siguiente regalo. Te estremeces y la felicidad te envuelve.

Nuevamente te pones de pie y emprendes la marcha con alegría. Hay un cambio profundo en ti, lo sientes y si te observas como si estuvieras fuera de ti, ves que sonríes, que tienes un fuerte brillo en la mirada, ya nada será como antes. Eres una persona renovada. Y muchas más esperan por ti para que puedas compartir, desde el corazón, todo lo que tienes ahora para dar y ofrecer al mundo, a cada persona que se cruce en tu camino.

Paso tras paso te vas acercando a ello...

La decisión de cambiar, de superarte y de ser mejor cada día está en ti.

Cambiar el dolor por aprendizaje

Si partes del hecho que eres creador de tu propia realidad, que vienes a experimentar y tienes el poder de transformar tu vida, no hay nada más que te frene hacia ello.

Cuando tu convicción es real, ningún muro, dolor, piedra en el camino o batalla, podrá contigo. Porque tu fuerza se encuentra en esa fe y confianza que lo que anhelas es tuyo. Sabes que eres merecedor, que en el Universo no existe la escasez, sólo existe en nuestra mente limitada. Para el Universo tienes posibilidades infinitas de ser lo que tú quieras, lo que has venido a ser, pero para ello debes pensar y actuar en consecuencia.

Cuando sabes y dejas de creer en los paradigmas en que vives, te cuestiones por qué llegaste hasta aquí, porque te duele el cuerpo o parte de él, o sientes dañado el corazón, aparecen respuestas internas y externas que te guían por el camino adecuado. Respuestas sobre el origen del problema.

Situaciones que te han sucedido en el pasado que empiezan a manifestarse en tu presente, en el ahora, que es momento único donde puedes comenzar a crear una mejor vida para mañana. Por eso debes estar consciente y despierto para verlas e interpretarlas desde lo que dice tu intuición, tu corazonada, tu interpretación que tal señal indica tal o cual cosa, y sabes fehacientemente que es verdad.

Nada sucede por casualidad, ya sabes que todo es por causalidad (causa-efecto), sincronicidad. Tú decides si lo que te sucede es bueno o malo. Tú eres quien le otorga significado a lo que te sucede de acuerdo a tus creencias y programas. Por lo tanto, si te enfocas en que lo sucedido es negativo así lo experimentarás. Si lo tomas como una señal de auto-conocimiento, generará en ti mayor conciencia y eso te ayudará a sanar.

> **"LA INTENCIÓN QUE LE OTORGAS A CADA SITUACIÓN DE TU VIDA ES LO QUE VAS A OBTENER COMO RESULTADO"**

Si decides vivir de recuerdos dolorosos lo único que vas a conseguir es volver a revivirlos una y otra vez, los vuelves a crear, mejor dicho, a recrear en el presente simplemente por mantener tus pensamientos y emociones enfocadas en ellos.

"Recordar" significa pasar por el corazón. Cuando pasas un recuerdo por tu corazón lo vuelves a vivenciar.

Por ejemplo: Si prestas atención las fobias o los miedos demuestran que por una situación vivida en el pasado que te ha marcado se genera los mismos síntomas físicos y emocionales de sólo pensarlo o creer estar viendo algo relacionado con esa circunstancia del pasado. Sucede con muchos recuerdos del pasado que te han provocado emociones fuertes, que hoy no son reales, pero sientes y experimentas las mismas respuestas ante la amenaza de algo similar, o a veces ni siquiera parecido.

De esta manera nos tiene atrapados la mente con su exigente forma de mantenernos protegidos, generando miedos constantes antes situaciones que no lo requieren, el miedo es mental. Cuando aprendes que es normal sentirlo por una cuestión intrínseca de supervivencia, comprendes que la mayoría de las veces es irreal, imaginario, producto de tu mente para no arriesgarte y ante ello lo ideal es comenzar a controlarlo para no limitarte más y permitir tu avance constante.

¿Cómo lograr el cambio?

Dedícate un minuto a reflexionar que es lo que pasaría si lo que traes al presente son recuerdos positivos, porque los has perdonado, aceptado y sanado. Porque ahora cuando lo recuerdas, en el corazón encuentras una información de amor.

Esto se logra porque has aprendido a sanar y tomar lo positivo, lo bueno que te regaló esa experiencia.

Seguro si te dedicas a buscar, puede ser en tu propia experiencia o en la de alguna otra persona, vas a encontrar que luego de pasar o sanar una enfermedad física o emocional de mucho dolor, esas personas cuentan y trasmiten que hay un antes y un después de esa experiencia. Quien tiene realmente la voluntad de observarse y aprender a recogido los mejores frutos de ese estilo de experiencias dolorosas.

Es muy bueno escuchar a esas personas que han superado enfermedades o circunstancias que a otras personas las dejan por el piso o las llevan a la muerte. Pasando por lo mismo se pueden observar finales totalmente diferentes. Es porque tiene total y exclusiva relación a cómo se toman la vida, la experiencia que les toca vivir, la actitud y la fe de lograr salir de ello con un aprendizaje invalorable.

Es probable que tengas en tu entorno situaciones para comparar este estilo de experiencias similares y con resultados diferentes. Si tienes esa posibilidad céntrate en observar la actitud de uno y la del otro ante la circunstancia o problema.

Eso te demostrará lo importante que es mantener el control, y responsabilidad absoluta de ti mismo. Nadie lo hará por ti, sólo tú tienes la posibilidad de elegir un camino u el otro. La decisión siempre es tuya y de nadie más.

El que venga a convencerte de lo contario que te lo demuestre. Hay muchas personas hablando y pocas haciendo. No seas un hablador, conviértete en las personas que hacen y podrás demostrarles que lo que quieres lo puedes conseguir aún teniendo a personas incrédulas a tu lado.

SE FUERTE Y SIGUE TUS PROPIAS METAS Y SUEÑOS. CUANDO LO LOGRES EL RESTO LO VERÁ Y PRETENDERÁ SABER COMO HACER LO MISMO. SOLO DEJA QUE TUS ACCIONES DE HOY, CON EL TIEMPO HABLEN SOLAS.

HERIDAS EMOCIONALES

Algo te compartí en páginas anteriores de las heridas y cicatrices emocionales, pero quiero explayarme más porque es algo común a todos.

Todos, absolutamente, todos llevamos resguardados en nuestro interior heridas emocionales del pasado. Esto deriva del tema anterior, el dolor, porque de eso están compuestas las heridas emocionales. Pero deseaba tratar de ellas aparte para dedicarles lo que se merecen.

¿Y qué es lo que hacemos con ellas? Las resguardamos y las protegemos hasta con candado para que no salgan a la luz. Las mantenemos reprimidas manteniendo la creencia que con el tiempo se van a esfumar.

Nada más lejos que eso. Mientras más tiempo las mantengas escondidas en un rinconcito dentro de ti, más potentes y fuertes se volverán. Y como si eso fuera poco, saldrán al exterior disfrazadas de muchas formas para que no las veas, provocándote problemas con los demás, por tus reacciones, que a veces, ni tú entiendes.

Se convierten en esos fantasmas que dan vueltas y vueltas en ti, que te mantienen inseguro y en muchas oportunidades triste sin sentido porque actualmente nada te ha ocurrido.

Ahí están ellas, las heridas emocionales, siempre listas y preparadas para salir y hacer de la suyas. En esos momentos te sientes peor, pero ellas siempre van a intentar mostrarse, no con la idea de seguir dañándote, sino con la intención de que las veas y las atiendas como se lo merecen.

Esas heridas necesitan tu atención de la misma manera que le prestas atención a las heridas que se producen en tu cuerpo cuando sin querer te lastimas.

Cuando físicamente te cortas, te raspas o tienes una lesión enseguida pones tu atención en la herida. La limpias, le aplicas los productos necesarios para curarlas, la proteges y cuidas durante su proceso hasta que ya está en condiciones y sabes que sanó.

Bueno, exactamente lo mismo debes hacer con tus heridas internas.

- **Limpiarlas**

- **Curarlas**

- **Protegerlas**

- **Sanarlas**

Ellas merecen tu atención. Así como curar una herida física una vez que cicatriza eliminas el dolor, lo mismo sucede con las heridas emocionales, cuando las sanas se va apagando tu dolor interno, tu tristeza y agonía. Comienzas a percibir tu mundo de una manera totalmente diferente, tu energía, vibración y alegría comienzan a ir en aumento. Y dentro de ti comienza a manifestarse la paz y la armonía que hace tiempo no sentías.

¿Cómo te das cuenta de las heridas emocionales?

Crudeza interior: a veces te das cuenta que hay una dureza en tu interior y un dolor que no parece desaparecer nunca. Que está instalado siempre y no se atenúa ni desaparece.

Poca o ninguna tolerancia: te das cuenta que manifiestas muy baja tolerancia hacia los demás y les exiges demasiado.

Irritabilidad: te mantienes en ese estado la mayor parte de tu día, reaccionando ante cualquier circunstancia y persona aunque no está sucediendo nada que motive tu reacción.

Sentimientos negativos que crecen: como la ira, el odio, el resentimiento, etc. Se acrecientan dentro de ti a la más mínima ofensa.

Demasiada sensibilidad acerca de un evento del pasado: si recuerdas alguna circunstancia pasada y tu reacción a ello es totalmente sensible, ya sea enojo, tristeza, dolor, rencor, etc. Sin dudas es debido a una marca guardada en el pasado que sigue ahí haciéndote daño.

⇨ **Dificultad para perdonar:** se te hace difícil amar y por lo tanto perdonar a los demás. Seguro que por lo mismo, se te hace primero difícil amarte y perdonarte a ti mismo. Por ti se empieza.

⇨ **Es difícil sentirse amado:** muy relacionado con el punto anterior. Si no amas es probable que no te des cuenta del amor que te brindas los demás o no estés abierto a ello. Es como si existiera una pared que limita el flujo de amor en tu vida.

⇨ **Odio a sí mismo:** en ocasiones lo sucedido en el pasado se convierte en creencias propias sobre sentirte culpable y ser el que provocó que esa situación sucediera. En casos de abusos, castigos físicos o verbales, la persona cree que se lo merecía por algo que hizo o por cómo era. Nada más distante de ello.

⇨ **Sentirse frustrado:** debido a las heridas internas es muy fácil sentirte frustrado ante tareas diarias, responsabilidades y decisiones tomadas.

⇨ **Escapar de la realidad:** ante la confusión es normal que intentas escapar o suprimir la realidad. Aquí es donde se hacen presente la mayoría de los excesos o vicios, como el beber alcohol abusivamente, las drogas, los fármacos, etc. Las adicciones se producen por no resolver o sanar las heridas emocionales.

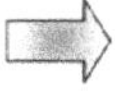 **La venganza:** cuando no surge la capacidad de perdonar muchas veces se recurre a tomar represalia por esa herida provocada en el pasado.

 **Estilo de vida irresponsable:** debido a la confusión que genera sentirse mal constantemente, en la vida se refleja exactamente lo mismo. El dolor interno consume la mente de la persona y de esta manera puede tomar un enfoque descuidado de la vida.

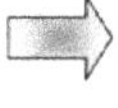 **Perfeccionismo:** cuando sientes que en el pasado no cumpliste con las expectativas de tus padres o de alguna autoridad, puede producir en el presente un sentimiento de exigencia y de mayor rendimiento. Aun no consiguiendo estar satisfecho.

 **Sentimiento de desesperanza:** es esa sensación de que nada puede cambiar o ser mejor que lo ya vivido. Todo sucede sin sentido y lo bueno está bloqueado en tu vida.

 **Hostilidad:** hacia la persona o personas que te dañaron el pasado, incluso hacia ti mismo. Generalmente la raíz de esto se encuentra en la amargura contra alguien que ha ofendido o dañado. O amargura hacia uno mismo por fracasos en la vida.

Como sanar las heridas emocionales

Primero que nada debes ser honesto contigo mismo y con lo que ha sucedido que causó la herida que mantienes hasta el día de hoy.

Por ejemplo: si te duele el estómago, ¿recurrirías al médico y le dirías: - tengo un problema, pero no quiero pensar en ello lo suficiente como para darme cuenta de lo que es. No sé qué me pasa, si es dolor de cabeza, de estómago, de rodilla, etc.

Nunca harías eso cuando buscas la curación física. Entonces ¿Por qué lo hacemos con la sanación interior? Sabes que hay un problema, una herida interna, pero no quieres mirar adentro, ni volver a mirar el pasado para averiguar qué es lo que realmente está mal.

Ahora sabes que es momento de afrontarlas y hacerte cargo para seguir adelante y tener un cambio, una transformación importante en toda tu vida y mejorar todas las áreas, tanto de salud, como económica y de relaciones.

Comienza a preguntarte:

¿Qué cosas he hecho que lamento profundamente?

¿Hay algo de mí pasado por lo que me siento avergonzado?

Responde a estas preguntas, haz una lista, deja que fluya todo lo que recuerdas y sientes.

De aquello que te arrepientes y de lo que te avergüenzas. Lo que sientes sobre ello, si sientes odio hacia ti o sientes que debes perdonarte.

Es vital que llegues hasta las raíces y expongas las razones por las que existen esas heridas en ti. Todo ello se mantiene en la oscuridad generando más y más daño, infectándolo todo en tu interior. Por eso es preciso que dejes entrar la luz para ver, clarificar, ser honesto y sacar todo ese daño dentro de ti hacia fuera. Dejando espacio para todo lo nuevo, para todo lo bueno que viene en camino luego de semejante liberación.

Como verás lo más eficaz es perdonarte y liberar eso que mantienes en secreto dentro de tu corazón, y que está actuando contra ti mismo.

Después de todo este proceso sólo puedo decirte, que eres muy fuerte, muy inteligente, muy sabio y lo que siempre repito y deseo que siempre lo tengas en cuenta:

¡ERES TU PROPIO HÉROE!

ESTAS LOGRANDO CAMBIAR TU HISTORIA Y PUEDES CAMBIAR LA DE MUCHAS PERSONAS SI LO DESEAS.

¡SIEMPRE, SIEMPRE LA DECISIÓN ESTÁ EN TI!

Capítulo 4

OXIGENANDO
Y
PURIFICANDO
TU INTERIOR

Si estás o vas haciendo los pasos que te propongo estoy segura que ya estás en un estadío de paz, armonía y libertad mucho más amplia que al principio.

Esa es la idea, compartir lo que he aprendido, estudiado y realizado conmigo, obteniendo resultados. Lo quiero hacer de esta forma, mediante mis libros y todo lo que suja luego, porque la verdad que esto no se queda acá.

Desde que deje salir a jugar conmigo a mi niña interior, desde que me perdoné, tiré la culpa a la basura y perdoné a cada circunstancia y persona que mantenía atada en el recuerdo, puedo decirte que la evolución en mi persona es impresionante. Y lo que falta. Porque quiero seguir aprendiendo y empapándome de todo lo que vibre conmigo, que me devuelve lo mejor a cada esfuerzo, a cada apertura de mi corazón hacia lo nuevo que me hace brillar.

Si hasta ahora no lo has puesto en acción te recomiendo que releas el libro y acciones. Vas a descubrir un mundo distinto, maravilloso en ti, que te brindará los mejores momentos de tu vida.

Quiero expresarte con palabras todas las sensaciones y emociones experimentadas durante mis procesos de abrirme a lo que el Universo tiene para mí, como para cada uno de nosotros. Todos somos especiales para él y está disponible para cada uno de nosotros. Pero elijo contarte las mías para que tú descubras las tuyas. Tus anhelos y sueños son únicos y debes ir por ellos. Has todo lo necesario para limpiar y sanar tu interior y quedará espacio para que entre lo nuevo, lo que esperas, pero no sentado en una silla, sino haciendo.

De esa manera el Universo entenderá que tus deseos son urgentes, porque los estás buscando y estás caminando hacia ellos. En ese momento decide dártelo y que tu deseo se acerque a ti hasta que se encuentren.

Te estarás preguntando: ¿Cuándo me doy cuenta que estoy sanando, purificando, limpiando mi interior?

Son múltiples las facetas que puedes descubrir cuando estás en el proceso. Te voy a nombrar algunas como guía, pero como siempre te digo puedes experimentar las tuyas propias.

- **Dejas de prestarle atención a lo externo:** cuando comienzas a trabajar en ti y te enfocas, dejas de poner tu atención afuera, y de esta manera las críticas, las opiniones y todo lo que intenten hacerte sentir en tu familia, amigos, compañeros de trabajo, etc., se vuelve insignificante. Antes te afectaba sobremanera y ahora te vas dando cuenta que si a alguien le molesta algo de ti es su problema, no el tuyo.

- **Tú vibración se eleva:** al entrar en conexión contigo tu frecuencia se eleva. Tú no estás sólo, estas conectado por el inconsciente colectivo con toda la humanidad. Por lo tanto, cuando te conectas con tu verdadero ser te conectas con el todo y comienza a subir tu frecuencia al sentir el amor incondicional que existe en el Universo.

- **Se vuelve más simple salir de estados negativos:** te vas adaptando a tus nuevos pensamientos y las respuestas a ellas, las causalidades y sincronicidades que vas observando en tu vida se muestran como nunca. Son señales que te marcan el camino y te guían.

- **Cambia tu entorno:** tus cambios internos se ven desde afuera, tu entorno los verá y comenzarán a preguntarte que es lo que estás haciendo, que estás cambiado, te ven mejor. Y sucederán dos cosas; personas que ya no vibran como tú, porque estás comenzando a tener una frecuencia superior se irán alejando de tu vida y por otro lado llegarán nuevas personas en el mismo estado vibracional que tú. No intentes detener a las personas que se alejan, ni de convencer, ellas no van a entenderte. Las que te entiendan se quedarán y querrán interesarse por el tema y te acompañarán.

- **Comienzas a desapegarte:** si, sueltas aquello que esperas, los resultados, de las personas y de las cosas. Ya no depositas expectativas sobre todo lo que haces esperando la respuesta esperada, sólo vas por ella. Te sientes con la seguridad que al estar creando tu realidad lo que no es de tu agrado lo puedes cambiar en ti y lo que deseas desde el corazón y sin producir daño a nadie, el Universo te lo dará. Entonces confías en tu poder creador y le permites al Universo que haga su parte. Matas la ansiedad, la angustia y todo sentimiento negativo que antes rondaba por tu vida.

- **Tu percepción cambia:** cuando comienzas a purificar, a limpiarte de todos los malos hábitos, creencias limitantes y programas repetitivos que siempre te conducen al mismo resultado, lo que percibes en el exterior es totalmente diferente. Todo cambia de tonalidad, ves las situaciones como una circunstancia de la cual aprender algo positivo, te sientes lleno de energía, más pleno y en contacto con la naturaleza.

- **Eres más consciente:** de lo que dices, de lo que haces y hasta de tu cuerpo. Comienzas a cuidar cada palabra y cada pensamiento. Cambias tu alimentación y tus hábitos físicos sabiendo que es el templo que contiene todo ese tesoro que llevas en tu interior. El cual debe estar protegido y cuidado por ti. Te comienzas a manejar en la vida con una coherencia total, entre lo que piensas, dices y haces. Eso significa que estás siendo tú y nadie más.

- **El amor te envuelve:** se vuelve más sencillo expresarlo, entregárselo a las personas que te lo hacen sentir. Ya no te lo guardas dentro de ti por el que dirán.

Lo dejas salir, lo entregas y te produce felicidad hacerlo, y como consecuencia te abres también a recibir. Ese fluir que comienza a manifestarse en tu vida te devuelve la armonía, la paz que tanto buscamos todos. El amor es el mayor poder creador que existe, y cuando lo sientes y lo entregas se produce un baile de ensueños que va y viene en un ritmo perfecto.

- **Eliminas la mochila:** si, ese peso que todos llevamos en nuestra vida, que algunos también llaman cruz. Todas esas situaciones, responsabilidades que has aceptado aún no queriendo que así sea. Y la vas cargando en tus hombros, en tu espalda, cargándole cada vez más cosas hasta que se hace insostenible dar un paso más. Cuando comienzas a sanar tu interior esa mochila va descargando peso de a poco, hasta que no la sientes más. Es que en realidad ya no la tienes, te has liberado de todo ese peso y comienzas a avanzar. Los pasos se van haciendo más ligeros y tu seguridad crece. Sabes que estás en el camino adecuado, sin dudas, cuando eso ocurre.

- **Tu estrella comienza a brillar:** todos somos una estrella que nace brillando y luego se deja apagar de a poquito cuando te crees que no vales, que no eres merecedor, que tus sueños son imposibles de lograr por ti porque no eres capaz, pero si ves que otros lo logran. Te quedas admirándolos, viendo como brillan, olvidándote de tu propio brillo. Hasta que comienzas a perdonarte por tratarte de esa manera, por no amarte, por dejar de culparte y culpar al resto que alguna vez provocó daño en ti. Esa estrella comienza a tomar fuerza, le vas quitando el polvo de encima y su brillo se vuelve cada vez más fuerte. Las personas comienzan a percibirlo y te lo dicen. Y tú estás en un estado distinto al del pasado, confías en ti y en el poder que tienes para llegar a conseguir tu sueño, sabes que eres capaz y nadie te puede convencer de lo contrario.

GUÍA PARA EL CAMBIO:

No te conformes con la situación por la que estás pasando. Toma consciencia que si te mantienes allí por mucho tiempo se vuelve tu zona de confort, por más que el estado no te agrade o sea de dolor. Llega un punto en el que ese dolor se transforma en algo habitual en ti día a día y te conformas. Pero ese conformismo no significa que te encuentres bien y aportando lo mejor de ti, por el contrario soportas o toleras el dolor y te vas adaptando a ello, limitando tu zona de acciones y acrecentando más y más esa situación en la que te encuentras.

Comienza por arriesgarte y ponerte incómodo. Así como le das paso al hábito de conformarte, ahora préstale la debida atención a buscar incomodarte, salir de tu zona de confort. Allí se encuentra lo nuevo por experimentar, allí se encuentra tu crecimiento y expansión. Es verdad que al principio cuesta tener objetivos, que aunque sean pequeños, consideres desafíos. Pero cuando lo haces y lo logras la sensación de triunfo es exquisita. Con el tiempo se genera ese hábito de ponerte incómodo, luego miras hacia atrás y descubres todo lo increíble que has avanzado. Hasta el dolor que te mantenía paralizado se ha atenuado, incluso desaparecido por completo, porque tu enfoque cambió y esos son los resultados.

Busca personas que te inspiren que sepan de lo que hablan, que hayan solucionado el problema. Que su discurso, libro, taller o lo que ofrezca se centre en la solución y no el problema. Personas con resultados que experimentaron lo mismo que tú ahora, pero ya lo han superado.

No sólo te va a dar fuerzas e impulso el hecho que otra u otras personas lo hayan logrado, también comprendes que tú puedes lograrlo al igual que lo hicieron los demás.

Descubres que no sólo por que se han formado para poder brindarte información o un plan de pasos para conseguir un resultado, sino porque han pasado por el mismo camino que ahora tú estás recorriendo ahora, y de esa manera pueden ser tus guías.

Cuestionarte todo lo que sucede en tu vida, lo que estás sintiendo, lo que vas experimentando. La causa del dolor, si es crónico o es algo que se repite una y otra vez de manera intermitente a partir de ciertas situaciones.

Pregúntate: ¿qué está pasando en mi vida? ¿Qué hace

que se repita?

Vas a encontrar las respuestas. Seguro estás en conflicto interno y no te has dado cuenta hasta el momento.

Por ejemplo, observa cómo están siendo tus relaciones más cercanas (padres, hermanos, hijos, pareja, trabajo, amigos). Siempre la historia por la que estás de alguna u otra forma en este estado, se encuentra en tus relaciones más cercanas. Comienza a indagar en esos conflictos. Allí está el caldo de cultivo que activa la alarma que te dice que por ahí ¡no!

La mente inconsciente, como sabes ya, siempre trata de protegerte y de esa manera se manifiesta y se refleja en tus emociones y en tu cuerpo. Si no analizas y buscas el origen estas solo manteniéndote en la superficie observando el síntoma sin profundizar. De esta manera sólo estas colocando un parche, estás ocultando o tapando para no ver el conflicto real.

¡HONESTIDAD CONTIGO Y HACERTE CARGO Y RESPONSABLE ES EL CAMINO!

EL ARTE DE REPARAR CORAZONES ROTOS

Déjame compartir contigo un arte japonés, el Kintsugi (traducido significa: reparación con oro). Tal vez ya has escuchado de él. Aún así contártelo y que lo recibas en estas páginas tienen un gran valor para mí, porque se ha convertido en un excelente cierre para todos los temas tratados en este libro.

Existe un arte japonés en el cual se reparan las fracturas de una pieza de cerámica utilizando barniz de resina mezclado con oro, plata o platino.

Es el arte de arreglar lo que se ha roto, con un metal precioso que le otorga mayor valor y belleza que el que tenía originalmente.

Lo que tal vez nos parezca destruido o sin ningún valor, puede transformarse en algo aún más hermoso y valioso, capaz de inspirar sentimientos de admiración.

Esta filosofía enfatiza la belleza de lo que alguna vez fue roto. Creen que cuando algo ha sufrido daño y tiene una historia lo hace más bello.

Todo esto trasladado a tu vida equivale a encontrar tu propio valor y la belleza de tus cicatrices. Que esas experiencias pasadas en donde te has sentido dañado, quebrado y roto en pedacitos hoy las puedes utilizar para reconstruirte y repararte en una versión de ti mucho más bella. Y con belleza me refiero a lo que se convierte tu ser al perdonar, al cicatrizar esas heridas, a ser más sabio y otorgarle mayor valor a las experiencias que te brindan aprendizajes. A comprender que esa es tu historia y cada cicatriz es una enseñanza que te enriquece interiormente.

Esa resina de oro que necesitas para reconstruirte puede ser la reconciliación, el perdón hacia ti mismo y hacia los que te provocaron el daño.

Comprender que cometer errores, equivocarse, deja una enseñanza en tu vida que te han convertido en quien eres ahora. Si en lugar de ocultar esos errores muestras la fortaleza para superarlos, serás como esa pieza de cerámica, orgulloso de tu historia.

El oro, la plata o platino se encuentran dentro de ti. Ya lo sabes. Todo lo que venimos viendo en el libro son esos metales para sanar y dejar las más bellas cicatrices.

Esta filosofía te enseña a encontrar el verdadero valor de las personas, incluidas tu mismo. Ese valor no se encuentra en la perfección, sino precisamente en las imperfecciones, pero sobre todo en su reparación, que nos convierte en seres dignos de admirarse.

En definitiva, todo lo que te ha pasado o por lo que puedes estar pasando ahora no hace tu vida más triste, mas desilusionante, aunque en el momento pueda parecerte así. Depende exclusivamente de ti pintar con oro todas las batallas y heridas y hacerlas más bellas. No estás roto y sin reparación. Puedes seguir adelante después de cada cicatriz, puedes levantarte después de caer y transformarte en una mejor persona debido a esa adversidad que has atravesado.

Lo que has pasado te ha convertido en lo que eres ahora. Si tienes más heridas por embellecer tomate el trabajo de hacerlo ahora y luego estarás más cerca de convertirte en esa persona que has venido a ser.

Ámate, ama cada cicatriz en ti y recúbrela con oro. Ámalas porque ese eres tú y debes sentirte orgulloso de todas las batallas que ganaste. De todas las veces que te rompiste y te volviste a levantar.

Nadie es perfecto y esas supuestas imperfecciones son las que te hacen único. Eres una pieza única invaluable. Tu historia debe brindarte mayor orgullo y seguridad, que a pesar de todo lo sucedido en tu vida hoy estás aquí para seguir aprendiendo, creciendo y ser mejor cada día.

Aprecia todo eso que has hecho por ti mismo y nunca te diste cuenta. Y sigue adelante, ya con mayor valor, belleza interior y sabiduría, en el camino de la prosperidad, de la felicidad tan anhelada.

Y ahí estás dando un paso tras otro, pero sabes que hasta tus pasos tienen otro significado. Tu yo viejo ya no existe, te sientes renovado y te relacionas mucho mejor con esta mejorada versión de ti mismo.

Te sientes en constante reflexión, cada papel escrito del tesoro te fue llevando a cada pensamiento y a cada sentimiento, aflorando las heridas, las batallas y también las victorias. Lograste vencer miedos que eran inexistentes pero que los mantenías vivos para tener de donde agarrarte a la hora de la queja, a la hora de protestar y decir que todo el mundo estaba en tu contra. Que nadie te quería y que la vida no tenía sentido.

Mientras piensas en ello te ríes, que confundido estabas antes de todo esto. Pero a la vez que maravilloso es descubrirlo y sentir que todo tu mundo se pone patas para arriba y que esa visual es maravillosa.

Piensas como todo está unido, como tu

enojo con tus seres queridos te incentivó a tomar el barco y alejarte de ellos. Cómo te encontraste en un punto totalmente perdido en el océano. Cómo ese mensaje en la botella llegó en el instante justo para cambiarlo todo y desde ese minuto cero comenzar a experimentar este viaje interno de transformación.

No tienes un espejo para mirarte el rostro, pero estás seguro que hasta tus facciones han cambiado. Que la amargura reflejada en tu rostro se ha esfumado y ahora debe verse esa sonrisa que surge constantemente.

Un último trozo de papel encontrado en el cofre dice que tú eres primero, que la soledad es la mejor compañera para conocerte, para que te encuentres contigo mismo, desnudo de Alma, sin tener que disimular ni actuar diferente ante la presencia de otros. Y que sólo de esa forma puedes luego amar a los demás y compartir todo lo que ahora sabes. Desde tu corazón, con humildad y deseo verdadero de ayudar a otros a encontrar ese camino que te lleva dentro donde todo surge, donde todo es diferente. Allí hay paz, armonía, seguridad y sobretodo amor, un amor infinito, incondicional al que no estabas acostumbrado

Es todo una caja de sorpresas y ya quieres compartirla.

Tienes la sensación, la certeza que ya es hora de encontrar a personas y entregarles todo lo que aprendiste, los mensajes que encontraste, lo que eres tú ahora.

Sabes que fuiste elegido para ser un guía, y explota en tu interior las ganas de contagiarlo al mundo entero.

Tus pasos se hacen más ágiles, tus oídos se agudizan y tu vista busca encontrar alguna señal de vida en la isla.

Está oscureciendo y eso no ayuda mucho. Pero tu lógica te dice que si estuviste dándote un baño y bebiendo agua, seguro que si hay personas no pueden estar muy lejos de allí. Eso te entusiasma aún más y prosigues a mayor velocidad y con todos tus sentidos funcionando al máximo.

Atención total de todo tu cuerpo y mente enfocado en lo que deseas encontrar...

UN ÚLTIMO TESORO: EL TIEMPO ES SABIO

Es una frase que seguro has escuchado miles de veces.

"El tiempo es sabio"

"El tiempo lo cura todo"

"El tiempo es el mejor maestro"

Y otras tantas que seguramente has oído y también incorporado. ¿Pero sabes una cosa? Sólo puedes sacar del tiempo lo bueno si tú así lo decides. Porque como en el encuentras aprendizajes también puedes conseguir derrotas que lo quiebren y lo detengan: no siendo así para el resto, sólo para tu percepción. El tiempo lo manejas tú.

Puedes moverte al pasado, estar en el presente o soñar y trasladarte al futuro. Tu mente tiene esa habilidad impresionante que a veces juega a tu favor y otras juega en contra. Lo único que te puedo asegurar es que ese juego solo depende exclusivamente de ti, aquí y ahora.

Veamos cómo es esto. Y sigamos el orden cronológico con el que nos movemos todos en esta vida terrenal.

PASADO

Hemos dedicado la mayor parte de este libro con información del pasado, con la condición de mirar hacia atrás sólo para aprender de todas las experiencias, ya sean dolorosas o de felicidad, que has vivido para crecer.

Al hablar del inconsciente colectivo, el familiar y el individual, nos hemos ubicado en tiempos anteriores.

Pero la idea no es ir allí para retorcernos por lo que fue o por lo que no fue.

El objetivo es recurrir a esas situaciones que han producido heridas emocionales y marcas en ti, para por fin sanarlas.

Muchas veces en las terapias de ayuda, el profesional te mantiene años girando alrededor de una situación problemática dándole vueltas y vueltas. Después pasabas a otra y así la terapia se extendía por largo tiempo.

Hoy te puedo decir que el pasado está solo para mirar y observar lo que sentiste, porque en ese momento te sentiste de esa manera y soltar. Ya sea perdonando a otro u otros, perdonándote a ti por algo dicho o hecho, eliminando la culpa y el resentimiento.

Evolución

El paso del tiempo surge para evolucionar como seres, no para involucionar y retroceder.

¿Cómo te verías tú ahora en una cueva, cuidando a tu

tribu, saliendo a cazar cada día arriesgando tu vida a ser cazado tú por algún animal salvaje y a la vez intentando proteger a los tuyos de ser atacados por los mismos o por otras tribus?

Hoy para ti eso es inconcebible, y hasta dudarías cómo hacerlo y al mismo tiempo adquirir esas habilidades de cazador.

¿Por qué? Porque el pasado existió, pero su esencia es la evolución, el aprendizaje. Siempre fue y seguirá siendo así.

Para nuestra percepción el tiempo es lineal. En esa línea lo que sucede es un avance, cambio físicos en nuestros cuerpos, cambios en nuestras responsabilidades, en nuestras acciones y como realmente vamos invirtiendo en él de mejor o peor manera.

Todo lo que se encuentra en tu pasado, en el pasado de tu sociedad y de toda la humanidad está disponible y podemos acceder a ella de muchas maneras. Las has estudiado, te lo han contado y otras pertenecen a tu propia historia. Están allí para que aprendas que situaciones ya no tiene sentido ser repetidas, cuales son beneficiosas y cuales se pueden mejorar para seguir en la línea de la evolución.

Lo haces todo el tiempo, aprendes si te quemas tomando una olla que se encontraba en el fuego y en el futuro lo recuerdas instantáneamente y no lo vuelves a repetir.

Siempre que aparece el dolor, intentamos no volver a experimentarlo aprendiendo de la situación que nos provocó daño.

Pero ¿qué sucede? Que todo lo que te provoque daño físico lo aprendes con rapidez. Tu mente no lo olvida y te lo recuerda en el instante que estás por cometer la misma acción del pasado. Y eso está perfecto. Pero porque no sucede lo mismo con aquello que nos daña internamente, que rompe nuestro corazón. Porque volvemos a repetirlo y revivirlo una y otra vez, incluso hasta con mayor intensidad.

Esto se debe a que aprendimos a ser consciente de nuestro cuerpo, de los dolores físicos, las lastimaduras, raspaduras, cortes, lesiones musculares y todo síntoma que me indique malestar corporal. Pero no aprendimos a cuidar nuestras emociones, a conocernos y descubrir que es lo que nos provocó daño interno para no volver a repetirlo, para crecer.

En este ámbito sí que faltó entrenar, y mucho. Pero nunca es tarde. Siempre hay tiempo. En el único momento que se acaban las posibilidades de crecer y evolucionar es en el instante de la muerte. Y no estamos en ese punto, pero tampoco sabemos cuándo exactamente sucederá.

Así que es totalmente conveniente ponerte en acción ya, para no desperdiciar más tiempo y enfocarte en aquello que debes sanar y aprender de tu pasado, sin descuidar el presente, que es el momento en que estas realmente liberándote de todo el peso que llevas arrastrando durante años.

Es ahora donde liberas espacio y generas lo nuevo que vendrá a tu vida. Una vida creada por ti, con responsabilidad y toda la emocionalidad que implica ir por tus sueños de una vez por todas.

Ejercicio

Te propongo algunas actividades que puedes realizar para darle a tu pasado un valor positivo.

- **Cuenta tu historia:** siéntate y escribe tu biografía con si se tratara de la contraportada de un libro. Incluye todo lo que provoque una emoción y luego revisa si son negativas o positivas.

- **Revisa tus fracasos y tus logros:** es probable que la primera vez que escribas tu historia te encuentres con mucha cosas negativas o que no son del todo placenteras. Analiza que aprendiste al día de hoy de esas experiencias. Haz una lista de todas las cosas que has logrado en tu vida. Ten en cuenta que logros hay muchos, desde conseguir tu carnet de conducir, aprobar un examen, cocinar una receta y conseguir que salga espectacular, y así miles de situaciones que no debes desvalorizar. Estamos muy acostumbrados a destacar lo negativo sobre lo positivo, y es momento de darlo vuelta.

- **Cambia el pasado:** intenta darle una vuelta a la situación que se ve mal y busca ver lo que aprendiste de ella. Luego re- escribe esa parte de la historia con la nueva visión, añadiendo tus logros. Te aseguro que la sensación al releer e imaginar la situación distinta es totalmente enriquecedora. Créetelo y lo malo de tu pasado dejará de existir, de pesarte tanto como para no permitir que avances con rapidez.

> "VIVIR EN EL PASADO TE HACE PERDER
> LO MÁS PRECIADO QUE TIENES, EL AHORA,
> EL PRESENTE, EL MOMENTO EN EL QUE
> SUCEDEN LAS MEJORES COSAS"

PRESENTE

El presente es tu regalo, el regalo de la vida, que debe ser más que apreciado. Sólo desde este instante puedes disfrutar y crear todo lo que te propongas para el futuro. No dejes pasar, no dejes correr las horas sin sentido. Recuerda cuál es tu verdadero propósito, tu sueño, tu anhelo más potente y dedícate en el presente a colocarte en sintonía con él. Verás cómo el disfrute se hace mayor, como tu percepción de la realidad toma otra tonalidad y otro entusiasmo.

El presente es el momento en el que puedes resolver cualquier cuestión del pasado. Porque todo lo no resultó en el pasado se hace presente en tu vida repitiéndose de forma similar o disfrazada. Y está ahí para que la comprendas y la trasciendas.

No puedes volver hacia atrás y cambiar la historia, lo que te disgustó y eliminarlo.

Hay que tener cuidado con el tiempo que invertimos en el pasado, porque muchas veces se vuelve allí con la sincera intención de sanar, pero otras te quedas allí en el dolor, en el sufrimiento, trasladándolo a la actualidad, afectando tu presente.

Entonces, ¿Qué sería lo conveniente?

Recurrir a esas experiencias que te marcaron, que produjeron dolor en tu pasado y mantienes en estado latente. Las observas desde la posición donde te encuentras ahora sabiendo con la certeza que ya no te pueden dañar. Es una circunstancia que ya pasó. Que lo sucedido no es casualidad, sino que existe un aprendizaje para ti en cada situación de dolor.

Hoy eres quien eres gracias a las experiencias y vivencias que has tenido a lo largo de tu vida.

De este modo, volver al pasado sólo tiene que ser con la intención de soltarlo, sanar las heridas y obtener un aprendizaje, una guía para el presente. No sirve quedarte instalado en el pasado por largo tiempo, porque de esa manera perderás de vista todas las oportunidades que se te presentan en la actualidad.

Todos los ejercicios del perdón, de abrazar a tu niño interior, de soltar la culpa y el resentimiento, son para integrar lo que se encuentra roto en tu corazón. Es un proceso que lo pasas y luego avanzas, no te quedes paralizado en él.

¿Cuándo te paralizas o te detienes?

Cuando no perdonas, cuando hay resentimiento, dolor y falta de amor propio.

En el momento que vas limpiando tu interior, experimentas la liberación de todas las trabas y muros que te mantenían estancado hasta el momento.

El pasado no es un tiempo para instalarse a vivir y perderte todo lo maravilloso que tiene preparado este mundo para ti.

Si te quedas en lo que fue tu vibración sólo seguirá atrayendo más de lo mismo, justamente porque en ello estás enfocado. Recuerda que si estas mirando tus experiencias pasadas preso del dolor, el daño provocado, estarás vibrando en tristeza, sensaciones negativas y miedo de volver a repetirlas. Tú ya sabes que donde va tu enfoque va tu energía y eso es lo que se manifiesta. Y que tanto el miedo como el amor son creadores, así que tienes que ser consciente de todo lo que estás trasmitiendo si deseas conseguir hacer realidad tus anhelos.

Por lo tanto, el pasado está disponible para que accedas a él en busca de sanación, perdón, amor del más puro y las mejores lecciones para que aprendas a modelar tu presente en la consecución de un futuro mejor, un futuro deseado por hacerse realidad.

Todo lo que trasmito en éstas páginas lo he comprobado, y te pido que tú también lo hagas. Que no termine el libro tirado por ahí o depositado en la biblioteca para luego ser olvidado. Intento que tu vida sea mejor cada día y sé que la única manera de lograrlo es poniéndote en acción. Haciendo los ejercicios propuestos u otros que puedes encontrar en internet o en libros de otros autores. No importa de donde los obtienes mientras vibren contigo, pero hazlo para poder avanzar y superarte a ti mismo. Rompe las barreras que te mantienen siempre en el mismo lugar, repitiendo y repitiendo las mismas historias. Decide ya salir de ese pozo, ya no puedes ir más hondo, comienza por subir y te sorprenderás de todo lo que te espera.

Un poquito de mi experiencia con el pasado

En mi caso particular, he estado viviendo por muchos años en el pasado y sólo me ha llevado a una vida amarga, triste y sin impulso hacia el futuro. Dejando que la vida pase, como en un estado adormecido. Es terrible, mata toda oportunidad, toda bendición que esté esperando por nosotros.

Llegó un momento que ese estado no lo toleré más y decidí salir de mi zona de confort, que la verdad no quiere decir que estaba cómoda, más bien me sentía mal, algo me faltaba, casi nada tenía sentido y todo costaba mucho esfuerzo, pero los miedos a lo nuevo y desconocido me mantenía en esa zona, la cual soporte hasta un cierto punto.

Comencé a buscar otra manera de vivir y disfrutar cada día. Sentirme realmente viva. Y la verdad, no es algo que ocurre de la noche a la mañana. Fue una decisión que mantuve por mucho tiempo, pasando por momentos buenos y otros malos, pero una decisión que no me permití dejar atrás.

En esa búsqueda se sucedieron situaciones, causalidades y sincronicidades que guiaron mi camino hacia el perdón. Hacia todo aquello que yacía en mi interior y ni yo misma me había percatado; pero que obviamente era lo que me mantenía en ese estado de desilusión y desgano por la vida.

Logré liberarme del peso sobre mi espada, de esa mochila que muchos llevamos por años, que yo sola me había generado al mantenerme siempre trasladando el pasado al presente. Todo el proceso llevó su tiempo, y la sensación que tenía es que yo no me obligaba a nada, sentía que el Universo me presentaba constantemente señales, personas, cosas y situaciones que me guiaban.

Despiértate

Te puedo decir que es relevante que, para pasar por este proceso, estés despierto, atento a las señales y actúes inmediatamente ante ellas. El Universo te lee y te responde siempre.

Es el momento de mantenerte en estado consciente, no permitir más que suceda lo mismo de siempre, repetidamente como un círculo vicioso.

Ya sabes que el estar dormido sin colocarte al volante para dirigir tu vida, sólo puede dirigirte hacia donde tu mente inconsciente por programación está acostumbrada. Y la verdad no creo que desees estar siempre en el mismo lugar. Todo ser humano intrínsecamente busca el progreso y es infeliz cuando no lo hace. La tristeza, la depresión y los estados de falta de salud son el reflejo de personas dormidas, insatisfechas con sus vidas o con un área en particular de sus vidas, y que aún así se quedan esperando un milagro, sin decidir cambiar, sin actuar y sin creer que ellos solamente lo pueden conseguir todo en la vida.

> **LA MAGIA ESTA EN TU INTERIOR**
> **Y PARA VERLA FUERA DE TI**
> **TIENES QUE DESPLEGARLA.**

Como ya vimos, tu pasado no determina tu futuro. Tu futuro surge de lo que estas creando ahora mismo en el presente. Lo que hoy piensas, vibras, dices y haces gestará lo vendrá a tu vida en un tiempo.

En definitiva, el presente es el punto de inflexión más importante que tienes disponible para sanar, liberar todo aquello que te aqueja, aprender lecciones del pasado y desde allí sembrar las semillas de los frutos que más adelante cosecharás. Así que te aconsejo que te centres en los pensamientos, hábitos y actitudes que estás sembrando ahora si quieres un futuro adecuado a tus sueños y anhelos del corazón.

FUTURO

Que palabra tan fuerte, ¿no?

Si observas bien existe una manía de estar hablando del pasado y sumergido en él o del futuro, adelantándote a lo que vendrá, provocando con ello preocupaciones, ansiedad, estrés, y una cantidad importante de emociones y sentimientos negativos que no te permiten realmente vivir y disfrutar del presente.

Cuando comprendes que realmente el poder radica en el AHORA, todas esas emociones negativas se esfumarán.

Solamente desde el presente y concentrado en lo que puedes hacer hoy, lograrás el deseo de tu futuro. No estoy diciéndote que no tengas sueños, metas, planes; más bien que los tengas, que los pongas por escrito, pero que tu atención este en los pasos día a día que vas realizando para concluir en la concreción de ese anhelo.

Imagina que si lo único que haces es concentrarte en el futuro y tu energía está depositada allí, lejos de tu estado actual, mientras vayas avanzando ese futuro seguirá corriéndose para adelante en el tiempo, y por lo tanto siempre estará más allá de tu alcance.

No deseo que desperdicies tu vida de esa manera y te sientas frustrado al no conseguirlo. Por este motivo estoy aquí, escribiendo estas páginas. Quiero que consigas lo que te propones. Y sé que si ya leíste mi primer libro, entenderás el por qué de este segundo libro, y también porque debo extenderme un poco más y escribir un tercero. Porque en mi trilogía no pretendo aburrirte y llenarte de páginas para hacerte perder el tiempo o solo buscar distraerte. Lo que pretendo es que tomes estos libros como aprendizajes para aplicarlos en tú vida, y comprobar con tus resultados que realmente funciona. Mejor aún si al obtener resultados los compartes con las personas que quieres y ves también sus resultados. Se convierte en algo muy satisfactorio.

Si además, de esta manera, logras rodearte de personas que están en la misma vibración que tú, dejando de victimizarse por el pasado y actuando en el presente para sembrar las semillas de lo que quieren cosechar en el futuro, ya te puedes imaginar lo grandioso que eso puede ser. Te aseguro que puede ser, ES, si así te lo propones.

> ## TÚ TIENES EL PODER DE CREAR AHORA, YA, EN EL PRESENTE, LA VIDA QUE TE MERECES EN EL FUTURO.

CONCLUSIÓN

Es necesario que tengas el coraje, y sé que tú lo tienes, porque sino no hubieses llegado hasta aquí, de adentrarte en quien eres, que has hecho, enfrentar el pasado de manera constructiva, de forma que te ayude a colocar tus siguientes bloques, bien sólidos, para el futuro.

Sólo así puedes cosechar el real poder que tiene tu propia historia. De otro modo todo lo que te sucedió, los errores, fracasos se transformarían en situaciones por las cuales lamentarte. Pero ya sabes que eso solo provoca que quemes el suelo donde quieres sembrar las semillas nuevas.

El poder de cambiar la historia y hacer tu suelo fértil está sólo en ti. Eres el único que puede hacerlo. Es muy probable que requiera tiempo, tanto para aprender a sembrar en tierra fértil como para tener la habilidad y paciencia de esperar el momento de la cosecha.

Todo es un continuo aprendizaje. Y sé que tú estás decidido a cambiar tu estado actual por el estado deseado.

Así que allí vamos. Te he acompañando desde que iniciamos juntos este camino, con **"Secretos que no son secretos"**, seguimos sanado, limpiando y liberando tu interior para dejar espacio a lo nuevo y mejor en este libro, **"Descubre tu verdadero tesoro"**, y terminaremos con un cierre fundamental para cambiar toda tu vida, en el siguiente tomo, **"Enciéndete y brilla"**, porque cada uno de nosotros somos una estrella de este infinito Universo, y debes hacerle honor a tu existencia, a amarte para poder amar. Vas aprender a brillar.

Ha caído la noche y es tan hermosa. Nunca pudiste apreciar una noche con tantos faroles sólo para ti. Entre la luz de la luna llena y las miles de estrellas que te miran desde el cielo, sientes que no estás sólo, que te acompañan y te guían. Hasta parece que te indican el camino. Y con todo lo sucedido hasta el momento puedes confiar que están allí para ti.

En los últimos días has sentido una energía superior. Has caminado kilómetros y kilómetros, casi sin comer y beber, y sin embargo, te sientes mejor nunca.

A veces te encuentras sólo confiando, creyendo en lo que te imaginas que va a suceder en tu vida y ya no te planteas tanto, ni analizas constantemente. Tienes la convicción que nada malo puede pasar, porque lo malo quedó atrás y sirvió para que estés donde estás ahora.

Si algo que te disgusta sucede, sientes que lo vas a manejar totalmente diferente. Que lo pasarás y luego encontrarás la respuesta sobre la intención del suceso. La preocupación y la ansiedad ya no serán tan grande. La paz que te brinda esa confianza en ti y en el Universo, que siempre está a tu favor, te mantiene en ese estado nuevo para ti.

Quieres conocer personas nuevas y también deseas volver a casa. En tu interior encuentras ambas situaciones sucediendo en algún punto del tiempo no muy lejano.

Las lecciones aprendidas renovaron todo tu ser. Descubriste una persona dentro de ti a la cual habías disfrazado para protegerte de todo y de todos. Hoy sabes lo inservible y dañino que eso fue. Pero ya no importa, eres hombre nuevo y decidido a seguir caminando por la vida abierto aprender, a compartir lo que lograste en ti y a escribir tu historia con un color y una letra diferente para contársela a todo el mundo.

Aún totalmente zambullido en tus pensamientos y emociones, un sonido te pone en alerta. Frenas los pasos e intentas agudizar tu audición. No logras definir bien que es. Todo tu cuerpo se llena de emoción, comienza a vibrar cada célula de tu cuerpo, tu corazón y te respiración se aceleran.

Vuelves a retomar los pasos aún más ligeros y vislumbras a lo lejos una zona iluminada. Te das cuenta que es fuego porque más allá de la noche ves con claridad.

Que emoción tan fuerte toma todo tu cuerpo, pareces poseído por un poder superior. Te das cuenta que también sientes miedo por lo que te puedas encontrar, pero pronto se alivia, porque estás seguro de tus pensamientos anteriores: "Todo sucede para bien"

Nuevamente miras al cielo como cada vez que te encuentras con algo nuevo, y le preguntas al Universo:

¿Qué regalo tienes para mí ahora?

GRACIAS, GRACIAS, GRACIAS QUERIDO LECTOR POR SEGUIRME EN CADA PAGINA, PORQUE ESO ME ASEGURA QUE ESTÁS EN EL CAMINO ADECUADO, EL DE SER QUIEN HAS VENIDO A SER, EL DE VALORARTE, AMARTE Y DARTE LA OPORTUNIDAD QUE NO TE HAS BRINDADO ANTES EN TU VIDA.

TU HISTORIA DE CAMBIO CONTINÚA EN :

"ENCIÉNDETE Y BRILLA"

TE ESPERO ALLI CON MIS BRAZOS ABIERTOS Y TODO EL AMOR QUE SE QUE ENCONTRARÁS EN ESAS PÁGINAS, SON CREADAS DESDE MI CORAZÓN PARA TI...

¡TE AMO!

Vero

¿ME DAS TU MANO COLABORANDO PARA DESPERTAR A MÁS PERSONAS?

Sinceramente me vendría muy bien tu ayuda. Si cada de uno de nosotros aporta un poquito de sí, podremos crear un mundo de personas más felices, conociendo que es posible, y el cómo para lograr hacer sus sueños realidad.

¿Cómo puedes ayudarme y ayudar a otros?

Hazte una foto con el libro que más te agradó o con los tres, y envíamelo (en la solapa encuentras mis redes sociales y mi página web) para poder subirlo y compartirlo con el fin de contagiar a otros que están necesitando que alguien les tienda la mano. Es necesario expandir la energía positiva y el empoderamiento. Que todos conozcan al Heróe que llevan dentro y lo pongan en acción.

También me agradaría mucho recibir tus comentarios u opiniones sobre los libros. Saber que te han provocado.

Sabes que mi mayor propósito está en conseguir que tu vida sea más bella y que disfrutes el camino hacia la concreción de tus sueños.

Inmensamente agradecida por este recorrido en tu compañía.

¡Abrazo enorme lleno de amor!

Vero

DECICATORIA ESPECIAL
A MI QUERIDO MENTOR

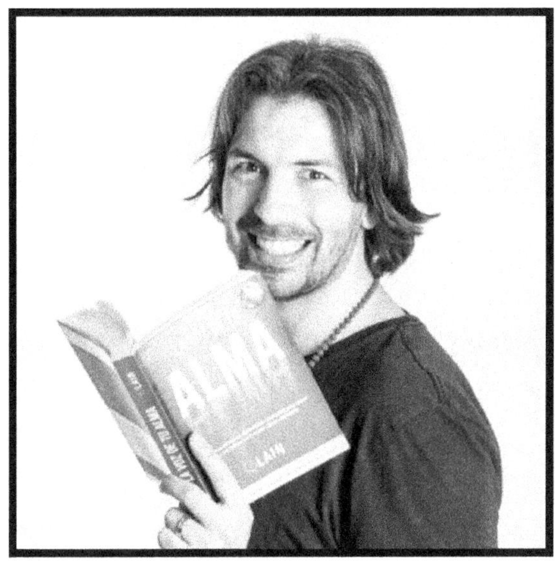

Amado Lector, ya te he hablado de él en el primer volumen, es que sigo sorprendiéndome gratamente de todo lo que ofrece como persona, como mentor, como guía, como maestro.

Realmente mi vida dio un giro de 180° desde que lo conocí, comencé a leer *"LA VOZ DE TU ALMA"*, y luego toda la saga de libros maravillosos que tiene. Luego fui al evento *"VUELVETE IMPARABLE"*, que me inyectó más energía para perseguir mis sueños, y ahora con sus aportes, con mayor cercanía, puedo decir que gracias a esa transformación que viví, hoy estoy manifestando y materializando todo lo que anhelo.

Te invito a que te instruyas con sus libros y te aseguro

que cambiará tu mentalidad. Serás IMPARABLE, como nos llama él a los que no nos detenemos por nada, ni por nadie.

Lain ha vivido su propia historia de superación que ha atrapado a millones de personas en todo el mundo, y no se guarda nada a la hora de compartir con las personas que lo leen y lo siguen. Es muy generoso, porque su compromiso y enfoque esta en ser cada día mejor y ayudar a todos a serlo.

Él es mi referente, sigo sus pasos con la decisión más firme de toda mi vida. No rendirme jamás hasta el último día de mi vida, y en el camino aportar mi experiencia y mis aprendizajes a la mayor cantidad de personas posible.

Le debo a él haber dado ese primer paso para no detenerme nunca más.

MIS PALABRAS PARA ÉL SON:
¡GRACIAS, GRACIAS, GRACIAS
INFINITAMENTE!

SÍGUEME EN MIS REDES SOCIALES

veronicabartolommei

Verónica Bartolommei

Veronica Bartolommei

www.veronicabartolommei.com

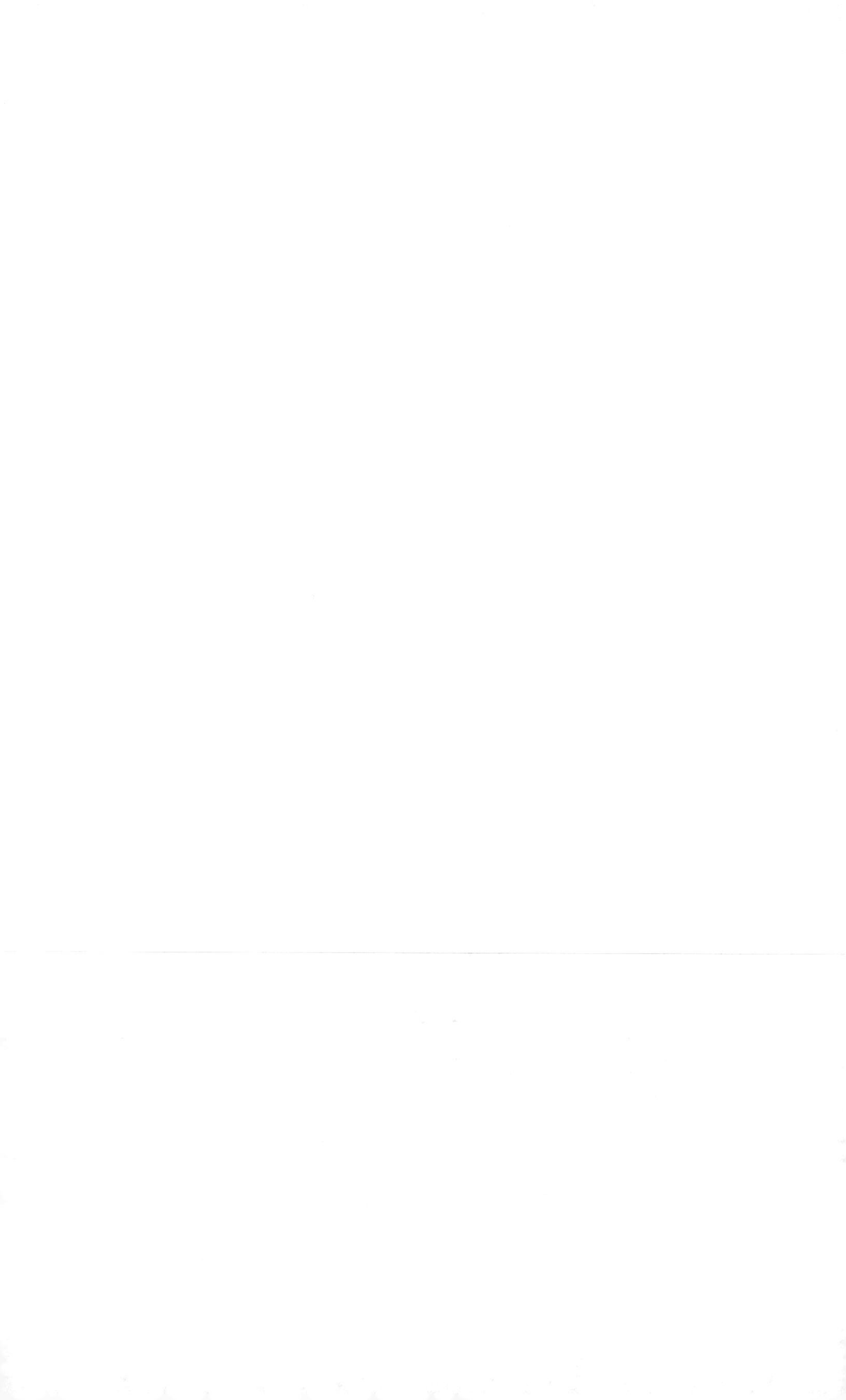

Este libro se terminó de imprimir
en el mes de enero de 2020
en los talleres gráficos de Imprenta Lux S.A.
Hipólito Yrigoyen 2463 - Santa Fe - Argentina.
www.imprentalux.com.ar